"一带一路"营商环境法治保障系列

赵旭东 总主编

李建伟 朱晓娟 吴高臣 副总主编

中国证券法律制度

朱晓娟 主编 张一强 副主编

中国民主法制出版社

图书在版编目（CIP）数据

中国证券法律制度/朱晓娟主编．—北京：中国民主法制出版社，2019.9

（“一带一路”营商环境法治保障系列）

ISBN 978-7-5162-2083-2

Ⅰ.①中…　Ⅱ.①朱…　Ⅲ.①证券法—研究—中国　Ⅳ.①D922.287.4

中国版本图书馆 CIP 数据核字（2019）第 197481 号

图书出品人：刘海涛

出版统筹：乔先彪

责任编辑：陈　曦　许泽荣

书名/中国证券法律制度

ZHONGGUOZHENGQUANFALÜZHIDU

作者/朱晓娟　主编

张一强　副主编

出版·发行/中国民主法制出版社

地址/北京市丰台区右安门外玉林里 7 号（100069）

电话/（010）63055259（总编室）　63057714（发行部）

传真/（010）63056975　63056983

http：// www.npcpub.com

E-mail：mzfz@npcpub.com

经销/新华书店

开本/16 开　787 毫米 × 960 毫米

印张/11　**字数**/163 千字

版本/2020 年 1 月第 1 版　2020 年 1 月第 1 次印刷

印刷/北京天宇万达印刷有限公司

书号/ISBN 978-7-5162-2083-2

定价/48.00 元

◉总序

习近平总书记在2013年提出建设“丝绸之路经济带”和“21世纪海上丝绸之路”的构想，五年多来，在各参与方的共同努力下，“一带一路”倡议从理念转化为行动，从愿景转变为现实，构建起了各自优势互补、彼此互联互通的国际合作平台。

党的十九大报告指出，要以“一带一路”建设为重点，坚持“引进来”和“走出去”并重，加强创新能力开放合作，形成陆海内外联动、东西双向互济的开放格局。同时，党的十九大通过修改的党章明确指出：遵循共商共建共享原则，推进“一带一路”建设。推进“一带一路”建设写入党章，必将为新时代共建“一带一路”，共建人类命运共同体进一步指明方向，注入强劲动力。

随着我国“一带一路”建设的深入推进，营造互信互通的法治营商环境，为投资贸易合作方提供全面周到的法律支持，切实维护中外当事人的合法权益便提上了日程。因此，为了增进“一带一路”建设沿线各国的彼此沟通，积极建立成员方统一认知和公正高效的司法保障体系，切实保障“一带一路”建设成果的不断扩大，我们推出了《“一带一路”营商环境法治保障系列》图书。

本系列图书构建了“一带一路”法治保障服务体系，主要介绍了投资贸易、产业合作、公正司法、纠纷解决、劳工保护等领域的法律制度，从而以保护中外当事人合法权益，维护公平竞争、诚实守信、和谐共赢的区域合作大环境。本系列图书体例科学，通俗易懂，旨在加强中国与“一带一路”沿线国家的“政策沟通”和“法治互信”，通过向国际社会展示我国法律制度的建设成就，以此提升我国法律的国际影响力。

《“一带一路”营商环境法治保障系列》图书作为“一带一路”建设的法治保障参考适用读物，旨在为沿线各国加强法律制度的交流互鉴，旨在全面落实我国“一带一路”建设的任务要求，全面构建“一带一路”建设中的法治保障体系，以便全球共享“一带一路”的建设成果。

赵旭东*
2019 年 8 月

* 赵旭东，中国法学会商法学研究会会长，中国政法大学教授。

目 录

第一章

中国证券制度概述

第一节　中国证券种类

【规则要点】

作为一种直接投资工具，证券是一种标准化的证权凭证。中国的证券包括五大类：股票、公司债券、政府债券、投资基金和衍生证券。

【理解与适用】

一、股票

在中国，股票专指股份有限公司发行的，证明股东所持股份，表示股东按照所持股份享有权益和义务的可转让的书面凭证。

（一）根据股票票面、交易币种、上市地点以及所面对的投资者来区分，中国上市公司的股票有A股、B股、H股、N股和S股等

1. A股的正式名称是人民币普通股票，原指以人民币表明面额，由境内投资者以人民币买卖并在境内证券交易所上市交易的股票。

现行法规已放宽了对投资者的身份限制，允许境外合格投资者（QFII）以人民币买卖A股股票。

2. B股的正式名称为人民币特种股票，是指以人民币标明面值，在境

内（上海、深圳）证券交易所上市交易，由境外投资者（限于：外国的自然人、法人和其他组织，中国香港、中国澳门、台湾地区的自然人、法人和其他组织），定居在国外的中国公民以外币购买并在境内证券交易所挂牌买卖的股票。

B 股公司的注册地和上市地都在境内，但投资者在境外或在中国香港、中国澳门及台湾地区。

3. H 股是指注册地在内地、上市地在中国香港的外资股。H 股的名称来源于香港英文名的首字母 H，以此类推，纽约的第一个英文字母是 N，新加坡的第一个英文字母是 S，则在纽约和新加坡上市的股票就分别叫作 N 股和 S 股。

（二）按照股东的权利义务不同，国内的股票可以分为普通股和优先股

1. 普通股，是指在公司的经营管理和盈利及财产的分配上享有普通权利的股份，代表满足所有债权偿付要求及优先股东的收益权与求偿权要求后对企业盈利和剩余财产的索取权。普通股是随着企业利润变动而变动的一种股份，是股份公司资本构成中最普通、最基本的股份，是股份企业资金的基础部分。普通股的基本特点是其投资收益（股息和分红）不是在购买时约定，而是事后根据股票发行公司的经营业绩来确定。

2. 优先股，是指不同于普通股的特殊股票，其以不具有投票权为代价，取得了收益权的优先性，表现在：

（1）分红优先

公司分配利润以优先股为先，而后才轮到普通股。但是在分配顺序上，仍要排在债券之后。

（2）剩余财产分配优先

在公司清算中，在清偿债务之后如果尚有剩余财产，优先股有权以其初始的出资额优先于普通股参与剩余财产的分配。凡是优先股的股东没有得到足额分红或分配的，普通股不得行使收益权。

另外，优先股往往有固定的红利率，其分红是有上限的，因此也不具有普通股所具有的增值潜力。普通股的分红权则没有限制，均由公司自主决定。

（三）根据股票是否记名，分为记名股票与无记名股票

记名股票，是指股东的名字要记录在股票上，公司通常要配备一本股东名册作为凭证。无记名股票是指股票票面不记录股东的名字。

股票的实体权利义务并不因是否记名而有所不同。记名股票的转让必须经所记名的股东背书，然后再交付受让人。受让人再次转让时同样需要背书。多次转让的各个环节是否衔接是检验股票的持有是否合法的重要依据。相比无记名股票，记名股票在遗失或者失窃时通过挂失会得到更多的安全保障。

二、公司债券

《中华人民共和国公司法》中所称的公司债券，是指公司依照法定程序发行、约定在一定期限还本付息的有价证券。

债券的基本内容有三点：本，一般为债券的面额；息，即利率，大都用百分比年息表示；期限，截止期到时必须连本带息一起偿还。

（一）根据转让方式的不同，债券分记名与无记名之分

与记名股票相同，记名债券转让时需要背书加交付方式方可生效。无记名债权转让时只须交付便可生效。相比之下，无记名债券缺乏遗失或者失窃时挂失的安全保障。但是二者的实体权利义务是一样的。

（二）根据债券是否可转换，分为可转换债券和不可转换债券

可转换债券，是指依约定条件和办法，由债券持有人选择是否将公司债转换成公司股份的债券。不可转换债券，是指债券持有人只享有到期得到还本付息的权利，但不能将债券转换成公司股份。

根据公司法第 161 条规定，上市公司经股东大会决议可以发行可转换为股票的公司债券。根据《中华人民共和国证券法》第 16 条规定，上市公司在发行可转换债券时，除了必须具备发行普通债权的条件之外，还必须具备发行股票的条件。

中国证监会发布的《上市公司证券发行管理办法》规定了债券可以按照约定条件赎回或者回售：回售是指债券的持有人将所持债券卖还给发行人；赎回是指发行人在债券期限届满之前提前清偿。

可赎回债券，是指发行人可以在债券期限届满之前的一定期限内，按照合同规定的价格和方式向债券持有人赎回的债权。可赎回债券发行之

后，决定赎回与否的权利在发行人，赎回的价格、期限、具体方法都已在发行之初的债券合同中规定清楚。

三、政府债券

政府债券，是指中央政府或地方政府为筹措财政资金，凭借其信誉按照一定程序向投资者出具的、承诺到期还本付息的债权债务凭证。

政府债券以国家信誉作为担保，是信誉度最高的证券形式，分为中央政府债券和地方政府债券。

中央政府发布的债券称为国债，如中国的国库券。不同级别的地方政府均可发行自己的债券，市政建设债券是常见的一种，是一个城市为了市政建设而发行的债券。其还本付息往往是以债券集资用以建设的项目所产生的收益作为担保。政府债券的偿债以税收为后盾，安全度较高。

政府债券的上市交易适用证券法，除非法律、法规另有规定；但由于政府证券没有风险，不需要公开，因此其发行不受证券法的调整，免除了公开义务。

四、证券投资基金

证券投资基金是一种证券组合，即由多种股票和债券集合而成。

证券投资基金的管理人按照确定的比例在市场上购买各种成分证券，组合成基金，并分成相等的份额出售，每一部分代表对构成组合的所有证券的相等份额。投资基金的作用在于组合投资，分散投资风险。

证券投资基金的发行不受证券法的调整。虽然证券投资基金同样存在风险，其发行需要履行各种公开手续。但国家另行制定了《中华人民共和国证券投资基金法》、封闭式和开放式基金的管理办法、基金发行时的信息披露内容和格式。基于特殊法优于一般法的法律适用原则，基金的公开发行应首先依照这些法律法规。

五、证券衍生品种

衍生证券是由基本证券派生出来的证券，必须以基本证券为后盾，但可以独立流通。

最常见的衍生证券是期权。期权是一种买卖选择权，即在约定的期限内以约定的价格买入或者卖出某种证券的权利。

期权分为点叫权和投放权：

点叫权是权利人在约定的期限内按照约定的价格向义务人购买某种证券的权利。只有当市价高于行权价的时候，行权才有意义。

投放权是权利人在约定的期限内按照约定的价格向义务人出售某种证券的权利。只有当市价低于行权价的时候，行权才有意义。

中国的衍生证券通称权证，分为认购权（即购股权）和认沽权（即投放权）。权证是指基于证券发行人或第三人发行的，约定持有人在规定期间内或特定到期日，有权按约定价格向发行人购买或出售标的证券或者以现金结算方式收取差价的有价证券。

六、认定证券

根据证券法，认定证券是指中国国务院依法认定的其他证券，在实践中主要包括：

1. 中国国务院直接指定、发布行政法规认定的其他证券；
2. 中国国务院授权机构制定、发布行政法规认定的其他证券；
3. 中国国务院或者其授权机构在个案中认定的其他证券。

【法条指引】

中华人民共和国证券法（节录）

第二条 在中华人民共和国境内，股票、公司债券和国务院依法认定的其他证券的发行和交易，适用本法；本法未规定的，适用《中华人民共和国公司法》和其他法律、行政法规的规定。

政府债券、证券投资基金份额的上市交易，适用本法；其他法律、行政法规另有规定的，适用其规定。

证券衍生品种发行、交易的管理办法，由国务院依照本法的原则规定。

第二节　中国证券市场分类

【规则要点】

证券市场是将证券权利作为交易对象的市场形式，流转各种流通性有价证券或者权利商品。通过证券市场，发行人向投资者交付投资凭证，取得了生产所需资金，实现了社会闲散资金的汇集；投资者参与证券市场，为了实现资本或者资金的增值、生息或者为了转移、分散投资风险。

广义上的证券市场包括一切按照一定规则，从事证券募集、发行和交易的空间。狭义上的证券市场主要采取有形市场形式。其中，证券交易所是典型的有形市场，在中国以上海和深圳为主，不仅有固定的场所、设施和专业人员，还有市场组织者专门制定的交易规则。证券交易所以外也有部分证券进行分散交易。根据不同的标准，证券市场有不同的分类：根据层次结构的不同，可以分为一级市场与二级市场；根据是否有正式的交易场所，分为场内市场和场外市场。

【理解与适用】

一、一级市场与二级市场

根据层次结构的不同，中国证券市场可以分为一级市场与二级市场。层次结构通常指按证券进入市场的顺序而形成的结构关系。按这种顺序关系划分，证券市场的构成可分为发行市场和交易市场：证券发行市场又称一级市场或初级市场；证券交易市场又称二级市场或次级市场。

在发行人充当卖方第一次将证券出售给投资者的市场就是一级市场。证券的发行人和认购者成为证券发行市场的最重要主体，两者之间的法律关系是证券发行制度的核心。

证券在发行之后，通过转手买卖不断流通的市场就是交易市场，也叫二级市场，典型形式为证券交易所。中国二级市场上的成交量远远高于一级市场的发行量。二级市场的存在直接影响着一级市场的发行，证券在二级市场流通变现的实现决定了投资者愿意在一级市场购买证券。

二、场内与场外市场

根据是否有正式的交易场所，中国证券市场分为场内和场外市场，两者区别在于是否有统一的交易制度和场所。场内交易市场又称证券交易所市场或集中交易市场，是指由证券交易所组织的集中交易市场，有固定的交易场所和交易活动时间，在多数国家它还是全国唯一的证券交易场所，因此是全国最重要、最集中的证券交易市场。

证券市场，除了交易所外，还有一些其他交易市场，这些市场因为没有集中的统一交易制度和场所，因而把它们统称为场外交易市场，又称柜台交易或店头交易市场，指在交易所外由证券买卖双方当面议价成交的市场。

（一）场内市场

1. 证券交易所

证券交易所是场内二级市场的主要形式，这里的股票流通量大，而且往往都是对市场经济举足轻重的大公司。中国目前有上海和深圳两家证券交易所。上海证券交易所于1990年11月26日成立，12月19日正式营业，是改革开放以来中国成立的第一家证券交易所。深圳证券交易所于1991年4月16日成立，7月3日正式营业。

证券交易所为证券的买卖提供一个固定的场所，其本身并不拥有证券，也不从事证券的买卖。公司的证券在交易所上市必须缴纳上市费用。在交易所上市的证券必须遵守交易所制定的规则，符合交易所要求的规格和条件，包括股本规模、资本结构、盈利状况、偿债能力等。在中国，证券法第50条统一规定了股票上市的条件，且授权证券交易所可以规定高于第1款规定的上市条件，并报国务院证券监督管理机构批准。

证券交易所的组织形式有会员制和公司制两种。会员制的证券交易所属于非营利性的事业法人，只有其会员才有资格向交易所申请交易席位，进入交易所从事证券交易活动。我国深沪两家都采取会员制形式。公司制的证券交易所属于营利性的企业法人，由股东投资兴建。股东虽然是交易所的成员，但不一定具备进入交易所从事证券交易活动的资格。

所有的交易都是在证券交易所的交易大厅内的特定交易岗位上进行，严格执行集中竞价、价格优先的规则。交易岗位专员将所有买方出价、卖方要价进行排列比较。最高的买方出价必然先于其他买方出价成交；最低的卖方要价也必然先于其他的卖方要价成交。

买卖证券的要约来自三个方面：(1) 经纪人接受的客户委托；(2) 留给岗位专员的限价委托；(3) 专员的自营报价。公众投资者通过场上经纪人执行证券买卖委托指令参与交易，其委托分为两种：(1) 市价委托是按照委托指令到达交易岗时市场现有的最优价格成交的委托；(2) 限价委托是由顾客指定买卖价格的委托，经纪人不能高于该价格成交。经纪人可以将短期内不太可能成交的委托指令留在专员保管的限价簿里。

交易岗上的专员履行两种职责：一是充当限价簿的保管员；二是自营报价，充当市场建造者的角色。

2. 全国中小企业股份转让系统

中国证监会发布《非上市公众公司监督管理办法》，规范非上市股份公司的公开转让股份，监管全国中小企业股份转让系统。

3. 期货交易所

期货交易所是买卖期货合约的场所，按照其章程进行自律管理，是期货市场的核心，主要由中国证监会发布的《期货交易所管理办法》监管，期货交易行为由国务院于2017年修订的《期货交易管理条例》规范。

期货交易所不以营利为目的，按照其章程的规定实行自律管理。期货交易所以其全部财产承担民事责任。期货交易所的负责人由国务院期货监督管理机构任免。

(二) 场外市场

根据2015年发行的《场外证券业务备案管理办法》第2条规定，场外证券业务是指在上海、深圳证券交易所、期货交易所和全国中小企业股份转让系统以外开展的证券业务。

目前中国的场外交易市场主要包括：

1. 创业板市场

2009年，中国证监会先后发布《首次公开发行股票并在创业板上市管理暂行办法》和《创业板市场投资者适当性管理暂行规定》，投资者可办理创业板投资资格。2009年10月30日，中国创业板正式上市。2012年4月20日，深交所正式发布《深圳证券交易所创业板股票上市规则》，将创业板制度方案内容落实到上市规则之中。

2. 银行间债券市场

银行间债券市场，指依托于中国外汇交易中心暨全国银行间同业拆借中心和中央国债登记结算有限公司，面向商业银行、农村信用联社、保险公司、证券公司等金融机构进行债券买卖和回购的市场，主要法律依据是《全国银行间债券市场交易管理办法》。

在中国场外交易的证券类型主要有：

（1）定向募集公司发行的股票。定向募集向社会法人和内部职工交易发行股权证书，只有其流通性受到法律限制，才可按协议转让。

（2）非上市股份有限公司发行的股票。证券法第 10 条对证券公开发行概念与范围作出了规定，但证券上市另有独立的规则与条件。因而存在许多“公开发行但不上市”的股票。然而这些股票并未失去转让性，可在场外市场转让。

（3）终止上市公司发行在外的股票。

（4）非上市的公司债券。

（5）其他非上市证券。根据规定，财政部指定并经中国人民银行批准的记账式国债可以在商业银行柜台交易。

第三节 证券市场主体

【规则要点】

证券市场主体，是指参与证券市场的各类法律主体，主要包括发行人、投资人、证券公司、证券服务机构、证券监督管理机构等。以上主体各具特点，分别受到不同法律法规的监管，在证券法律关系中发挥着各自的作用。

【理解与适用】

一、证券发行人

根据证券种类不同，在中国，证券发行人应包括募集设立的股份有限公司、发起设立的股份有限公司、其他发行债券的企业与政府：

1. 政府有权依法发行政府债券。中央政府债券也称为“国债”，主要目的是弥补国家财政赤字和进行大型建设项目的政府投资。地方政府债券是由各级地方政府发行的债券，旨在筹集地方建设资金。

2. 经过中国人民银行批准，商业银行、政策性银行和非银行金融机构可以依法发行金融债券，增加信贷资金来源；还可改制成为股份有限公司并发行股票。

3. 非公司企业法人，主要是国有企业、集体企业和三资企业，可以发行企业债券。根据《企业债券管理条例》的规定，在我国境内设立的其他法人企业，可以依法有偿筹集资金，依照法定程序发行企业债券，不受所有制、地区、企业组织结构等因素的限制。

4. 公司法人之中，有限责任公司只能发行公司债券，股份有限公司既能发行公司债券，也能发行股票。

二、投资人

按照投资者身份，可将投资者分为个人投资者和机构投资者，机构投资者可分为法定金融机构、基金组织、投资公司以及其他组织。机构投资者资金雄厚，专业性突出，抗风险能力强。个人投资者累计资金总额大，但相对分散，投机性强，抗风险能力较弱。

按照投资者国籍或注册地，可将投资者分为境内投资者和境外投资者。境内投资者有权认购买卖专供境内投资者购买的股票或公司债券。境外投资者是指投资于中国证券市场的投资者，原则上只能投资于 B 股股票，不得投资于 A 股股票。境外投资者可以通过 QFII——合格的境外机构投资者或者在中国境内设立外商投资企业，也可投资于 A 股股票。

对于某些特殊的投资领域，中国设立了合格投资者制度。中国证监会于 2016 年发布了《证券期货投资者适当性管理办法》；深圳证券交易所于 2017 年发布了《深圳证券交易所债券市场投资者适当性管理办法》；《私募投资基金监督管理暂行办法》对投资者的人数、投资金额、单位净资产或者个人资产进行了严格要求。只有符合上述法规或行业规则规定条件的合格投资者才被允许参与交易。

三、证券公司

中国的证券商只取公司形式，称为证券公司。根据证券法第六章的规定，证券公司是依法设立、专门从事证券业务的有限责任公司和股份有限公司。明显区别于普通公司。

证券公司的特殊性表现在：

（一）经营业务的特殊性

证券法第124条、第125条对设立证券公司的条件和证券公司的业务范围作出了具体的规定，证券公司的业务范围主要包括：

1. 证券经纪；

2. 证券投资咨询；

3. 与证券交易、证券投资活动有关的财务顾问；

4. 证券承销与保荐；

5. 证券自营；

6. 证券资产管理；

7. 其他证券业务。

在对证券公司的监管上，中国采取了分类管理制度。按照业务范围和种类，证券公司分为证券承销机构、证券自营机构和证券经纪机构。证券公司可以从事承销业务，协助发行人发行证券，连接发行人与投资者之间关系；发行之后，证券在二级市场上流通，证券公司又可以接受投资者委托从事证券买卖业务，收取佣金，协助投资者从事证券交易，成为投资者与投资者之间的中介机构。依照规定，投资者必须委托证券公司办理证券交易，而不能直接买卖证券。除了从事经纪业务之外，证券公司还可以充当自营商从事自营业务，以投资者的身份在二级市场上买卖证券，是中国证券市场上的主要机构投资者之一。证券法第77条列举的操纵市场行为，主要针对对象就是机构投资者。

证券法第136条、第137条对证券公司的经营业务进行了严格规制：

1. 证券公司必须保持不同业务与财产之间的独立性，必须将其证券经纪业务、证券承销业务、证券自营业务和证券资产管理业务分开办理，不得混合操作；

2. 证券公司的自营业务必须使用自有资金和依法筹集的资金。证券公司不但拥有自有资金，而且持有大量的经纪资金，即客户委托其买卖证券的资金。必须保证两者严格独立，防止在证券公司自营亏损的情况下令客户资金无法偿还，蒙受损失。

（二）设立程序和条件的特殊性

设立证券公司首先应当符合公司法的规定，向公司登记管理机关提交文件，依法办理企业法人营业执照；其次还应符合证券法的某些特殊规定。证券公司的设立需要办理前置批准程序和登记后的许可程序：

1. 根据证券法第122条规定："设立证券公司，必须经国务院证券监督管理机构审查批准。未经国务院证券监督管理机构批准，任何单位和个人不得经营证券业务。"证券公司设立申请获得批准的，申请人应当在规定的期限内向公司登记机关申请设立登记，领取营业执照。

2. 根据证券法第128条第3款规定："证券公司应当自领取营业执照之日起十五日内，向国务院证券监督管理机构申请经营证券业务许可证。未取得经营证券业务许可证，证券公司不得经营证券业务。"

在设立条件上，普通公司已废除了对最低资本额的要求，实行认缴制，但证券法提高了证券公司的最低注册资本限额，根据从事经营的不同业务，分别为人民币5000万元、1亿元和5亿元。证券公司的注册资本还实行严格实缴资本制度。国务院证券监督管理机构根据审慎监管原则和各项业务的风险程度，可以调整注册资本最低限额，但不得少于上述规定的限额。

（三）公司管理的特殊性

证券公司在经营管理事务上的自主权相比普通公司受到更加严格的限制。如证券公司必须具有完善的风险管理和内部控制制度，公司财务和风险控制指标必须符合证券监管机构的要求，相关业务机构的操作必须长期保留相关记录。

证券法第129条第1款规定，证券公司设立、收购或者撤销分支机构，变更业务范围，增加注册资本且股权结构发生重大调整，减少注册资本，变更持有5%以上股权的股东、实际控制人，变更公司章程中的重要条款，合并、分立、停业、解散、破产、境外设立、收购或者参股证券经营机构等重大事项，必须经国务院证券监督管理机构批准。

此外，在监管方面，国务院证券监督管理机构可以对实施违法行为或者出现重大风险的证券公司采取责令停业整顿、指定其他机构托管、接管或者撤销等监管措施。证券法对证券公司的董事、监事和高级管理人员的任职资格也作出了限制规定，对违法违规，未能勤勉尽责的董事、监事和高级管理人员撤销任职资格，责令公司更换人选。

四、证券服务机构

证券法第169条第1款规定：“投资咨询机构、财务顾问机构、资信评级机构、资产评估机构、会计师事务所从事证券服务业务，必须经国务院证券监督管理机构和有关主管部门批准。”

（一）会计师事务所

会计师在证券市场上的作用是审计发行人的财会报表并出具审计报告。在发行公开和发行之后的信息持续公开中都需要会计师发挥审计作用。会计师及其所在的事务所对审计报告和被审计内容的真实性承担责任，因此，在履行审计义务的过程中，会计师必须对发行人的情况进行尽职调查。

（二）资产评估机构

资产评估师为证券的发行和上市出具资产评估报告。经资产评估师署名的资产评估报告是发行和上市公开文件的组成部分。资产评估师同样对报告内容的真实性承担法律责任。

（三）律师事务所

证券的发行和交易离不开律师。发行人需要律师出具法律意见书并起草有关的申请和公开文件；承销人需要律师帮助做尽职调查并起草承销协议；公司收购中的各方当事人都要雇佣律师参加谈判，并帮助其制定进攻和防御的策略和具体措施。只有具备公司法和证券法专业知识的律师才能为证券的发行和上市起草文件，从事这方面的法律业务。其是否具备相应资格与水准需要由律师职业道德来自律和市场认定。

（四）证券登记结算机构

证券登记结算机构是为证券交易提供集中登记、存管与结算服务，不以营利为目的的法人。它是提供结算服务的中介机构，其本身不参加交易，只是收取服务费而已。证券登记结算机构是为了保证交易的安全、便捷、迅速地进行而设置。证券交易双方各自与登记结算机构交割而非直接交割，登记结算机构起到一种担保交易安全的作用。证券法第七章专章规定了证券登记结算机构的设立条件，包括其自有资金不得少于人民币2亿元，就是为了保证其担保功能的实现。而登记结算的具体规则都是由中国证监会规定。

证券登记结算机构还提供托管和登记证券的服务。根据证券法第159条第1款和第160条第2款、第3款的规定，“证券持有人持有的证券，在上市交易时，应当全部存管在证券登记结算机构”。“证券登记结算机构应当根据证券登记结算的结果，确认证券持有人持有证券的事实，提供证券持有人登记资料。”“证券登记结算机构应当保证证券持有人名册和登记过户记录真实、准确、完整，不得隐匿、伪造、篡改或者毁损。”

（五）证券投资咨询机构

证券投资咨询机构是专门为别人买卖证券提供有偿资讯和建议的机构。该机构运用自己的专业知识对有关证券的价值进行分析和预测，向投资者提供信息或者投资建议，并收取咨询费。证券法第125条明确经证券投资咨询列入证券公司的业务，形成了两类公司都进行该项业务的重叠局面。

资信评估机构评定债券的资信等级。资信是指企业还本付息的能力。资信等级越低，意味着企业无力清偿的可能性越大，因而持有这种证券的风险也越大。资信等级与证券的价格有着直接的关系，投资者在购买证券时需要对其风险和价值获得比较明确的认识。

五、政府监管机构和自律管理机构

证券行业的政府监管机构主要是指证监会以及国务院其他授权机构；自律组织主要是证券交易所、证券业协会。政府监管机构和自律管理机构通过制定、执行相关的法律法规和交易规则，实现证券交易的安全、快捷和有序。

国务院证券监督管理机构根据证券法依法对全国证券市场实行集中统一监督管理，国务院证券监督管理机构根据需要可以设立派出机构，按照授权履行监督管理职责；国家对证券发行、交易活动在实行集中统一监督管理的前提下，依法设立证券业协会，实行自律性管理。

（一）国务院证券监督管理机构

国务院证券监督管理机构依法对证券市场实行监督管理，维护证券市场秩序，保障其合法运行。证券法第180条与第181条特别赋予了中国证监会广泛的权力，例如，现场检查、调查取证并可以采取相关监管措施。

（二）自律性组织

行业自律，是指行业内部的职业道德和行规约束，是由市场自发产生的规范性力量。自律性组织的主要职能就是制定职业道德标准和行业行为规则，并通过组织内部的纪律处分来推动这些规则的贯彻和执行。

中国的自律性组织包括证券交易所和证券业协会两类。

1. 证券交易所是为证券集中交易提供场所和设施，组织和监督证券交易，实行自律管理的法人。证券交易所制定市场交易和成员资格两类规则，并通过这些规则的贯彻和执行去规范交易所市场。

2. 证券业协会是证券业的自律性组织，是社会团体法人。证券公司应当加入证券业协会。证券法第九章专门规定了证券业协会的职权，协助证券监督委员会教育和组织会员执行法律法规，依法维护会员之间的合法权益，调解会员之间的纠纷。

【法条指引】

中华人民共和国证券法（节录）

第一百二十四条　设立证券公司，应当具备下列条件：

（一）有符合法律、行政法规规定的公司章程；

（二）主要股东具有持续盈利能力，信誉良好，最近三年无重大违法违规记录，净资产不低于人民币二亿元；

（三）有符合本法规定的注册资本；

（四）董事、监事、高级管理人员具备任职资格，从业人员具有证券从业资格；

（五）有完善的风险管理与内部控制制度；

（六）有合格的经营场所和业务设施；

（七）法律、行政法规规定的和经国务院批准的国务院证券监督管理机构规定的其他条件。

第一百二十五条　经国务院证券监督管理机构批准，证券公司可以经营下列部分或者全部业务：

（一）证券经纪；

（二）证券投资咨询；

（三）与证券交易、证券投资活动有关的财务顾问；

（四）证券承销与保荐；

（五）证券自营；

（六）证券资产管理；

（七）其他证券业务。

第一百二十九条 证券公司设立、收购或者撤销分支机构，变更业务范围，增加注册资本且股权结构发生重大调整，减少注册资本，变更持有百分之五以上股权的股东、实际控制人，变更公司章程中的重要条款，合并、分立、停业、解散、破产，必须经国务院证券监督管理机构批准。

证券公司在境外设立、收购或者参股证券经营机构，必须经国务院证券监督管理机构批准。

第一百三十六条 证券公司应当建立健全内部控制制度，采取有效隔离措施，防范公司与客户之间、不同客户之间的利益冲突。

证券公司必须将其证券经纪业务、证券承销业务、证券自营业务和证券资产管理业务分开办理，不得混合操作。

第一百三十七条 证券公司的自营业务必须以自己的名义进行，不得假借他人名义或者以个人名义进行。

证券公司的自营业务必须使用自有资金和依法筹集的资金。

证券公司不得将其自营账户借给他人使用。

第二章

证券发行制度

第一节　证券发行的分类

【规则要点】

证券发行可以分为直接发行与间接发行；公开发行与非公开发行。

【理解与适用】

发行证券是发行人直接融资的重要途径，是将特定范围的权利赋予某种凭证后将证券以及证券权利有偿或者无偿地授予投资者的行为，在满足发行人融资需求之时，必须充分保护投资者的利益。

一方面，中国证券法设定了证券发行的法定条件，发行人必须严格遵守法律法规，才能获准发行证券。另一方面，发行人发行证券时，必须遵守法律法规规定的信息披露义务。证券监管机构采取必要手段，促使发行人真实、准确、完整、及时、公平地披露或者提供相关信息，促使投资者作出正确的投资判断。

一、直接发行与间接发行

发行人要将证券卖给投资者，可以自己去卖，也可以通过某一个中介机构出售。发行人自己销售证券的行为称为直接发行，通过中介机构销售称之为间接发行。其中，这个中介机构叫作承销人或者承销商，即投资银行。投资银行既不投资，也不接受存款或者发放贷款，它的功能是为证券发行充当中介人。

直接发行与间接发行之间并无绝对的优劣之分，选择哪一种取决于发行人自身是否具有广泛的销售网络和专业人才。一般情况下，发行人通过对发行成本的估算自行选择直接发行还是间接发行。公司法规定公开发行股票时由承销商承销，则非公开发行股票时可以直接发行。证监会发布的《上市公司证券发行管理办法》第 49 条作出了具体规定：非公开发行股票，发行对象均属于原前 10 名股东的，可以由上市公司自行销售。

二、公开发行与非公开发行

证券法第 10 条将证券发行区分为公开发行与非公开发行。公开发行是发行人通过证券经营机构，向发行人以外的社会公众发出的购买股票之要约邀请、要约或者销售证券的行为。非公开发行则是发行人向社会公众以外的投资者要约出售、出售或者销售证券的行为。

在信息披露方面，公开发行证券的发行人必须履行法定的信息披露义务，详细披露有关的重大信息。证券发行申请经核准，发行人应当依照法律、行政法规的规定，在证券公开发行前，公告公开发行募集文件，并将该文件置备于指定场所供公众查阅；非公开发行无此要求，通常以“信息备忘录”代之。

证券法明确规定了“公开发行”的认定标准。根据该法第 10 条第 2 款、第 3 款以及第 13 条规定，“公开发行”包括以下四种情况。

1. 不特定对象

不特定对象指的是与公司不存在稳定的业务、任职关系的机构或者个人，主要是指公众投资者。无论人数多寡，只要对象不特定，都属于公开发行，应当符合公开发行证券的规定。公司股东与公司之间存在出资授受关系，公司董事、监事、高级管理人员和职工与公司之间存在任职关系，均属于特定对象。

2. 特定对象

根据法律规定，向特定对象发行证券累计超过 200 人的，为公开发行。根据公司法的规定，设立股份有限公司的发起人不得超过 200 人。此处体现了法律之间的衔接。

3. 其他公开发行

证券市场上各种金融创新层出不穷，证券法有限的列举难以全面应对随时变动的市场需求。将类似情形交由其他法律、行政法规另作规定，有助于弥补法律漏洞。

4. 非公开发行准用公开发行规则的特例

根据证券法第 13 条第 2 款规定："上市公司非公开发行新股，应当符合经国务院批准的国务院证券监督管理机构规定的条件，并报国务院证券监督管理机构核准。"据此，上市公司无论是公开发行或非公开发行股份，均应适用有关证券公开发行的规则。

根据以上明确规定的公开发行认定标准，无论是采取定向募集设立股份有限公司，还是上市公司以定向募集、公司合并的方式向外部投资者招募资金的，都构成公开发行。上市公司以送股或者配股等形式向原股东发行股票的，也应当受到证券公开发行规则的约束。

【法条指引】

中华人民共和国证券法（节录）

第十条 公开发行证券，必须符合法律、行政法规规定的条件，并依法报经国务院证券监督管理机构或者国务院授权的部门核准；未经依法核准，任何单位和个人不得公开发行证券。

有下列情形之一的，为公开发行：

（一）向不特定对象发行证券的；

（二）向特定对象发行证券累计超过二百人的；

（三）法律、行政法规规定的其他发行行为。

非公开发行证券，不得采用广告、公开劝诱和变相公开方式。

第十三条 公司公开发行新股，应当符合下列条件：

（一）具备健全且运行良好的组织机构；

（二）具有持续盈利能力，财务状况良好；

（三）最近三年财务会计文件无虚假记载，无其他重大违法行为；

（四）经国务院批准的国务院证券监督管理机构规定的其他条件。

上市公司非公开发行新股，应当符合经国务院批准的国务院证券监督管理机构规定的条件，并报国务院证券监督管理机构核准。

第二十八条 发行人向不特定对象发行的证券，法律、行政法规规定应当由证券公司承销的，发行人应当同证券公司签订承销协议。证券承销业务采取代销或者包销方式。

证券代销是指证券公司代发行人发售证券，在承销期结束时，将未售出的证券全部退还给发行人的承销方式。

证券包销是指证券公司将发行人的证券按照协议全部购入或者在承销期结束时将售后剩余证券全部自行购入的承销方式。

第二节 私下投放的规制

【规则要点】

证券法以“非公开发行证券”的定义规制私下投放行为。法律对私下投放一般给予发行人登记豁免或者公开豁免的便利。

【理解与适用】

有时发行人可以找到一家实力雄厚的金融机构投资者，将一次发行的证券全部出售。这些机构投资者能够吸引发行人一对一进行充分磋商，即使不公开也能直接给予投资决策所需要的信息。这样的发行叫作私下投放，相比公开发行更加节省时间与财力。

根据这一特殊情况，法律对私下投放一般给予发行人登记豁免或者公开豁免的便利。证券法的基本精神是通过强制发行人公开来保护投资者的知情权，这是因为相较于公众投资者，有足够实力参与私下发放的投资机构完全可以自己保护自己的知情权，排除信息不对称的风险。

证券法以“非公开发行证券”的定义规制私下投放行为。第 10 条第 3 款规定：“非公开发行证券，不得采用广告、公开劝诱和变相公开方式。”第 13 条第 2 款规定：“上市公司非公开发行新股，应当符合经国务院批准的国务院证券监督管理机构规定的条件，并报国务院证券监督管理机构核准。”

中国证监会发布的《上市公司证券发行管理办法》中对私下投放作出

了进一步具体规定：

1. 特定对象

（1）发行对象不超过10名；

（2）特定对象符合股东大会决定的具体条件。

2. 发行条件

（1）发行价格不低于二级市场上市价的90%；

（2）本次发行股份自发行结束之日起12个月内不得转让，控股股东、实际控制人认购的股份36个月内不得转让；

（3）所募资金不得超过项目需要，更不得用来买卖证券；

（4）要求私下投放像公开发行一样由保荐人保荐；

（5）本次发行将导致上市公司控制权发生变化的，还应当符合中国证监会的其他规定。

3. 禁止发行

公司存在下列情形之一的，不得非公开发行股票：

（1）本次发行申请文件有虚假记载、误导性陈述或重大遗漏；

（2）上市公司的权益被控股股东或实际控制人严重损害且尚未消除；

（3）上市公司及其附属公司违规对外提供担保且尚未解除；

（4）董事、高级管理人员36个月内受到过中国证监会的行政处罚，或者12个月内受到过证券交易所公开谴责；

（5）上市公司或其现任董事、高级管理人员因涉嫌犯罪正被司法机关立案侦查或涉嫌违法违规正被中国证监会立案调查；

（6）最近一年及最近一期财务报表被注册会计师出具保留意见、否定意见或无法表示意见的审计报告。保留意见、否定意见或无法表示意见所涉及事项的重大影响已经消除或者本次发行涉及重大重组的除外；

（7）严重损害投资者合法权益和社会公共利益的其他情形。

第三节 股票公开发行制度

【规则要点】

证券法严格规定了公开发行的条件。因此，公开发行股票必须严格符合法律的规定，发现不符合法定条件或者法定程序，尚未发行证券的，应当予以撤销，停止发行。已经发行尚未上市的，撤销发行核准决定。

【理解与适用】

证券法规定的发行条件是实质条件。一般来说，形式审查只检查公开的内容是否齐全，格式是否符合要求，而不管公开的内容是否真实可靠或者公司经营状况的好坏；而实质审查不但要求发行人在股本规模、盈利状况等实体条件上达到一定的标准，而且审查公开文件的内容是否属实，必要时还要调查取证。

在实质审查的情况下，一旦政府批准了发行申请，也就意味着政府对公开文件的真实性和证券的合格性作出了肯定的结论，因而投资者有合理理由信赖政府的判断。

发行条件主要包括法律条件及财务条件，并且偏重于财务条件。除证券法具体列举的公开发行证券的基本条件如应当“具有持续盈利能力，财务状况良好”之外，证监会发布的审核规则还包含了大量财务指标，包括对持续盈利能力和财务状况良好的财务指标。

发行条件并不同于上市条件。证券交易所可以制定高于证券法规定的上市条件，从而实现发行条件与上市条件的分离。证监会负责审查发行申请是否符合法定的发行条件，证券交易所负责审核发行人的上市申请。

一、首次公开发行股票的条件

根据中国证监会发布的《首次公开发行股票并上市管理办法》，在我国境内首次公开发行股票并上市的，应当符合证券法、公司法和该管理办法规定的发行条件，具体如下：

（一）发行人具备法定的主体资格

1. 发行人应当是依法设立且合法存续的股份有限公司；有限责任公司依法变更为股份有限公司时，可以采取募集设立的方式公开发行股票。

2. 发行人自股份有限公司成立后，持续经营时间应当在3年以上，但经国务院批准的除外。

3. 发行人的注册资本已足额缴纳，出资财产的财产权转移手续已办理完毕，不存在重大权属纠纷。

4. 发行人的生产经营符合法律、行政法规和公司章程的规定，符合国家产业政策。

5. 发行人最近3年内主营业务以及董事和高级管理人员没有重大变化，实际控制人没有发生变更。

6. 发行人的股权清晰，控股股东和受控股股东、实际控制人支配的股东持有的发行人股份不存在重大权属纠纷。

（二）发行人具有独立性

发行人必须具有独立性，发行人必须具有完整的业务体系和直接面对市场独立经营的能力，表现为：资产完整、人员独立、财务独立、机构独立和业务独立。

（三）发行人应当规范运行

公司的“合规运行”不仅要求合法，还要与监管规定和规则、行业标准、业务标准相一致。“合规管理”是公司风险管理的重要组成部分，主要包括：

1. 在组织机构方面，发行人依法建立了公司组织机关，公司组织机关能够依法履行职责。

2. 在内部制度方面，发行人内部控制制度健全并被有效执行，能够合理保证财务报告的可靠性、生产经营的合法性、营运的效率与效果。

3. 在管理人员方面，发行人董事、监事和高级管理人员知晓自己的义务和责任，不存在禁止进入证券市场、遭受证券交易所公开谴责以及涉嫌违法违规的情形。

4. 在公司运行方面，不存在违法发行证券、严重违反经济管理法规、虚假陈述和严重损害投资者利益与公共利益的情形。

5. 在资金运用和担保方面，建立了严格的资金管理制度和对外担保审议制度，不存在未控股股东、实际控制人和其控制的其他企业进行违规担保的情形，不存在控股股东、实际控制人和其控制的其他企业占用发行人资金的情形。

（四）良好的财务与会计

公开发行股票要求发行人资产质量良好、资产负债结构合理、盈利能力较强，具体包括：

1. 净利润指标：最近3个会计年度净利润均为正数且累计超过人民币3000万元。

2. 现金流量净额指标：最近3个会计年度经营活动产生的现金流量净额累计超过人民币5000万元；或者最近3个会计年度营业收入累计超过人民币3亿元。

3. 股本总额指标：发行前股本总额不少于人民币3000万元。

4. 无形资产指标：最近一期末无形资产（扣除土地使用权、水面养殖权和采矿权等后）占净资产比例不高于20%。

5. 亏损弥补指标：最近一期末不存在未弥补亏损。

（五）募集资金的运用

公司发行股票募集到的资金原则上应当用于主营业务。除金融企业外，募集资金使用项目不得为持有交易性金融资产和可供出售的金融资产、借予他人、委托理财等财务性投资，不得直接或者间接投资于以买卖有价证券为主要业务的公司。

二、上市公司发行股票（再融资）

上市公司发行股票又称为“再融资”。根据公司法第120条规定，上市公司是指其股票在证券交易所上市交易的股份有限公司。证券法第13条规定了增发新股的一般条件。证监会发布的《上市公司证券发行管理办法》具体规定了上市公司发行股票、可转换公司债券以及其他证券的条件和程序。

（一）再融资的一般条件

再融资的主要方式包括：增发新股、配售股份、非公开发行新股。

发行人增发新股、配售股份以及非公开发行新股时，必须遵守再融资的基本条件。法律法规和规章对此进行特别规定的，也应当同时符合一般条件和特殊条件。

根据上述法律法规，再融资的一般要求如下：

1. 健全的组织机构

上市公司的组织机构健全、运行良好，即符合上述“规范运行”的标准，包括：

（1）公司章程合法、有效；

（2）公司组织机构制度健全；

（3）公司内部控制制度健全、完整、合理、有效；

（4）现任董事、监事和高级管理人员具备任职资格，与控股股东或者实际控制人的人员、资产、财务分开，机构、业务独立等诸多要求。

2. 可持续的盈利能力

上市公司盈利能力具有可持续性，包括：

（1）最近3个会计年度连续盈利；

（2）业务和盈利来源相对稳定；

（3）现有主营业务或投资方向能够可持续发展；

（4）高级管理人员和核心技术人员稳定；

（5）公司重要资产、核心技术或其他重大权益的取得合法；

（6）不存在可能严重影响公司持续经营的担保、诉讼、仲裁或其他重大事项。

3. 良好的财务状况

上市公司的财务状况良好，包括：

（1）会计基础工作规范符合国家统一会计制度；

（2）最近3年及最近一期财务报表未被注册会计师出具保留意见、否定意见或无法表示意见的审计报告；

（3）资产质量良好，经营成果真实，现金流量正常；

（4）最近3年以现金或股票方式累计分配的利润不少于最近3年实现的年均可分配利润的20%。

4. 真实的会计记录

上市公司最近36个月内财务会计文件无虚假记载，不存在重大违法行为，如未受到证监会的行政处罚或者受到刑事处罚，违反工商、税务、土地、环保、海关法律、行政法规或规章情节严重并受到行政处罚。

5. 合法合规的资金筹集

上市公司募集资金的数额和使用应当符合规定。如募集资金数额不得超过项目需要量，募集资金用途符合国家产业政策和有关环境保护、土地管理等法律和行政法规的规定，不会与控股股东或实际控制人产生同业竞争或影响公司生产经营的独立性，建立募集资金专属储蓄制度。

6. 其他条件

如《上市公司证券发行管理办法》第13条作出的禁止性规定。

（二）增发新股

增发新股是上市公司向不特定对象再次公开发行股份的行为。除前述一般条件外，还应符合下列特别条件：

1. 净资产收益率

最近 3 个会计年度平均净资产收益率不低于 6%。

2. 财务管理

除金融类企业外，最近一期末不存在持有金额较大的交易性金融资产和可供出售的金融资产、贷予他人款项、委托理财等财务性投资的情形。

3. 发行价格

发行价格应不低于公告招股意向书前 20 个交易日公司股票均价或前一个交易日的均价。

（三）配售股份

配售股份是上市公司向原股东发行股票。根据《上市公司证券发行管理办法》的规定，上市公司向原股东配售股份，应当满足下列特别条件：

1. 配售数量

拟配售股份数量不超过本次配售股份前股份总额的 30%。

2. 控股股东之配售承诺

控股股东应当在股东大会召开前公开承诺认配股份的数量；控股股东不履行认配股份的承诺，或者代销期限届满，原股东认购股票的数量未达到拟配售数量 70% 的，发行人应当按照发行价并加算银行同期存款利息返还已经认购的股东。

3. 配售方式

配售股份应采用证券法规定的代销方式发行。

三、公积金和利润转增股份

资本公积金转增股本以及分配股票权利，是上市公司广泛采用的增加股本的方式。资本公积金转增股本，指股份有限公司动用资本公积金，依法向公司现有股东分派股份；分配股票权利，指股份有限公司通过分配股票权利，向公司股东分配利润。

（一）资本公积金转增股本

资本公积金转增股本在实践中被称为“送股”。资本公积金属于股东权益的组成部分，由公司股东按照所持股份的比例享有。公司动用资本公积金向股东送股，在财务上将减少资本公积金数额、扩大公司的股本总额，但不影响公司净资产和股东权益。

（二）分配股票股利

股票权利、现金权利和实物权利是公司分配利润的三种主要方式。公司法第166条规定，公司弥补亏损和提取公积金后所余税后利润，股份有限公司按照股东持有的股份比例分配，但股份有限公司章程规定不按持股比例分配的除外。股份有限公司以分派股票的方式分配公司利润的，即为分配股票权利。

分配股票权利不影响公司的净资产，但将增加公司的股本总额，是公司向原股东发行股票的特殊情况。如果公司股东人数超过200人，股份有限公司分配股票权利便应当视为股票的公开发行。

【法条指引】

中华人民共和国证券法（节录）

第十六条 公开发行公司债券，应当符合下列条件：

（一）股份有限公司的净资产不低于人民币三千万元，有限责任公司的净资产不低于人民币六千万元；

（二）累计债券余额不超过公司净资产的百分之四十；

（三）最近三年平均可分配利润足以支付公司债券一年的利息；

（四）筹集的资金投向符合国家产业政策；

（五）债券的利率不超过国务院限定的利率水平；

（六）国务院规定的其他条件。

公开发行公司债券筹集的资金，必须用于核准的用途，不得用于弥补亏损和非生产性支出。

上市公司发行可转换为股票的公司债券，除应当符合第一款规定的条件外，还应当符合本法关于公开发行股票的条件，并报国务院证券监督管理机构核准。

第十八条 有下列情形之一的，不得再次公开发行公司债券：

（一）前一次公开发行的公司债券尚未募足；

（二）对已公开发行的公司债券或者其他债务有违约或者延迟支付本

息的事实，仍处于继续状态；

（三）违反本法规定，改变公开发行公司债券所募资金的用途。

第四节　股票发行审核程序

【规则要点】

中国法律目前对证券的发行实行核准制，公开发行证券，必须在符合法律、行政法规规定的前提下，报经国务院证券监督管理机构或者国务院授权的部门核准。除法定条件之外，股票的发行还需要提交相关的文件，并且需要保荐人的保荐才能通过审核。相关部门作出审核决定后，申请人可以采取复议的救济方式。

【理解与适用】

一、中国证券发行审核体制

（一）证券发行审核体制分类

为保护投资者利益，维护证券市场的健康发展，各国政府对证券的发行均实行一定的审核。总体来说，各国的审核制度可分为三大类：审批制、核准制、注册制：

1. 审批制，是指法律规定证券发行的实质性条件，证券发行人准备发行证券时，须将证明其具备实质性条件的文件向审批机关申报，由审批机关根据法律的规定以及内部所掌握的政策或发行计划，决定是否批准发行人发行证券。

2. 核准制，是指法律规定证券发行的实质性条件，证券发行人准备发行证券时，须将证明其具备实质性条件的文件向审核机构申报，当申报符合法律规定的实质性条件时，审核机构即应核准发行人发行证券。核准制由发行人申请，中介机构推荐，证监会合规性审核，发审委进行实质性判断，并最终由证监会核准等一整套机制组成。核准制的核心是合规性审查加上强制性信息披露以及实质性判断。在这一制度之下，审核机关的判断代替了市场的判断，市场化水平不高。

3. 注册制，是指证券发行申请人依法将与证券发行有关的信息和资料公开，制作成注册申报文件送交审核机构审查，审核机构只负责审查发行申请人提供的信息和资料是否履行了信息披露义务的一种制度。其最重要的特征是，证券发行审核机构只对注册文件进行形式审查，不对发行人的资质进行实质性审查和价值判断，而是将其留给市场决定。证券管理机构不得以发行证券价格或其他条件不公平或者不可行或发行人陈述的公司前景不尽合理为由而拒绝注册。注册制是证券市场法治化、市场化水平发展到较高阶段实行的一种证券发行审核制度。

注册制主要有如下法律特征：

（1）监管机构仍须对股票发行进行审查，审核的中心是信息披露，审核机构不对申请发行人和申请发行的股票进行价值判断，仅仅是对注册文件是否符合齐备性、一致性、可理解性要求进行把握和判断。

（2）投资者是价值判断的主体。投资者需要通过发行人公开披露的信息，最终作出投资决策。投资者是决定发行是否能够成功的关键因素。

（3）发行人和中介机构对信息披露的真实性、准确性和完整性负责。发行人承担基础诚信责任，无条件依法承担法律责任，属于无过错责任；中介机构承担专业把关责任，在其负责的专业范围内承担责任，属于过错推定责任。发行人和中介机构对信息披露义务履行的好坏是注册制成败的关键所在。

（4）股票发行和上市是相互独立的环节。发行环节主要由审核机构把关，审核标准较为统一，而在上市环节，交易所可以根据自身的定位和需要设置不同的上市门槛，而不同规模、资质的企业也可选择适合自身发展的交易场所申请上市。

（二）中国现行发行审核体制

中国的证券发行监管目前实行核准制。公开发行证券，必须符合法律、行政法规规定的条件，并依法报经国务院证券监督管理机构或者国务院授权的部门核准；未经依法核准，任何单位和个人不得公开发行证券。证券公开发行的核心是政府批准，依据为法定的条件。

证券法第 22 条第 1 款规定："国务院证券监督管理机构设发行审核委员会，依法审核股票发行申请。"可见，在中国的核准制度之下，负责核准的机关有两个：一个是国务院证券监督管理机构；另一个是国务院授权的部门。前者是中国证监会，负责核准股票的发行；后者指国家和发展改革委员会、人民银行等，负责核准债券的发行。

2013 年，《中共中央关于全面深化改革若干重大问题的决定》提出推进股票发行注册制改革。2016 年 3 月 1 日，全国人大常委会发布了《全国人大常委会关于授权国务院在实施股票发行注册制改革中调整适用〈中华人民共和国证券法〉有关规定的决定》，授权国务院对拟在上海证券交易所、深圳证券交易所上市交易的股票的公开发行，调整适用证券法关于股票公开发行核准制度的有关规定，实行注册制度，具体实施方案由国务院作出规定，报全国人民代表大会常务委员会备案，实施期限为 2 年，证监会会同有关部门要加强事中事后监管。2018 年 2 月 24 日第十二届全国人民代表大会常务委员会第三十三次会议将这一期限延长至 2020 年 2 月 29 日。

因此总的来说，中国证券在立法上实行核准制发行，但在立法机关的授权之下，我国已在实践中开始实行注册制，放松了准入环节限制，从事先审批向事中和事后监管转变，是中国证券市场走向市场化的重要标志和必由之路。

二、股票发行申请和推荐程序

股票发行必须满足一个先决条件。根据证券法第 15 条规定，公司对公开发行股票所募集资金，必须按照招股说明书所列资金用途使用，非经股东大会作出决议不得擅自改变。

该条所指的未按照招股说明书所列用途使用的“公开发行股票所募集资金”，特指的是前次发行所募得资金。《上市公司证券发行管理办法》第 11 条规定，擅自改变前次公开发行证券募集资金的用途而未作纠正的，不得公开发行证券。

经发行申请人申请，才能启动股票公开发行审核程序。

（一）募集设立时报送的募股文件

设立股份有限公司公开发行股票，根据证券法第 12 条，向证监会报送募股申请和下列文件：

1. 公司章程；

2. 发起人协议；

3. 发起人姓名或者名称，发起人认购的股份数、出资种类及验资证明；

4. 招股说明书；

5. 代收股款银行的名称及住址；

6. 承销机构名称及有关的协议；

7. 依法应聘请保荐人的，应报送保荐人出具的发行保荐书；

8. 其他设立批准文件。

（二）新股发行时报送的募股文件

根据证券法第14条规定，公司公开发行新股，应当向国务院证券监督管理机构报送募股申请和下列文件：

1. 公司营业执照；

2. 公司章程；

3. 股东大会决议；

4. 招股说明书；

5. 财务会计报告；

6. 代收股款银行的名称及地址；

7. 承销机构名称及有关的协议；

8. 依照本法规定聘请保荐人的，还应当报送保荐人出具的发行保荐书。

三、保荐程序

证券法第11条要求发行人申请公开发行股票、可转换为股票的公司债券，依法采取承销方式的，或者公开发行法律、行政法规规定实行保荐制度的其他证券的，应当聘请具有保荐资格的机构担任保荐人。

证券法第49条第1款规定："申请股票、可转换为股票的公司债券或者法律、行政法规规定实行保荐制度的其他证券上市交易，应当聘请具有保荐资格的机构担任保荐人。"

保荐人都是经过证监会认定，拥有保荐资格，在发行中充当主承销人的证券公司。保荐组织推荐发行人证券发行上市，应当按照法律、行政法规和证监会的规定，对发行人及其发起人、大股东、实际控制人进行尽职调查、审慎核查，根据发行人委托，组织编制申请文件并出具推荐文件，并在保荐前必须对发行人的全体董事、监事、高级管理人员进行公司法、证券法及发行上市等有关知识辅导并接受证监会驻当地派出机构的监督。

在发行人的证券上市之后，保荐人还要对发行人持续督导，确保其规范运作。持续督导的时间为首次公开发行股票的证券上市当年剩余时间及其后2年，发行新股或可转换债券的为证券上市当年剩余时间及其后1年。保荐人一旦发现问题就应当要求发行人纠正，并及时向证监会或交易所报告。如果保荐人在承销期间和持续督导期间没有勤勉尽责并因此导致了损失，将会受到证监会的行政处罚。

四、预披露程序

在信息公开之后，公众需要一定的时间来吸收这些包含许多专业知识的重要信息，相比之下，内幕信息的占有者则享有充分的时间。因此公开和发行这两个时间点之间应当有充分的时间间隔，保障广大公众能享有公开的好处。

根据证券法第21条规定："发行人申请首次公开发行股票的，在提交申请文件后，应当按照国务院证券监督管理机构的规定预先披露有关申请文件。"可见，预披露制度仅适用于"首次公开发行股票"。证监会发布的《首次公开发行股票并上市管理办法》第46条规定：申请文件受理后、发行审核委员会审核前，发行人应当将招股说明书在中国证监会网站中预先披露。

预披露制度的设置提高了证券监管机构审核的透明度，加强了社会公众对证券发行申请的监督。预披露制度促使申请人、中介机构更审慎地处理信息披露事务，使得证监会可以更深入了解申请人具体情况，最终提升信息披露的质量。

五、初审和复审程序

初审是由证监会工作人员主持进行的初步审查。在初审过程中，证监会发行部将就股票发行申请提出反馈意见，包括对申请文件的完整性、真实性以及其他方面的问题进行调查、查询和对证。经补充、修改和调整后的股票发行申请文件，须再次报送证监会。

复审是在证监会发行部初审通过后，由抽选专家组成的发行审核委员会工作组以投票方式作出复审决定。发行审核委员会工作组按照少数服从多数的原则和方式作出发行审核决议。每位委员享有同等投票权，同意与反对票数相同时召集人有最终的决定权。发行审核委员会工作组投票作出复审决定后，应出具复审意见书，并由证监会主席或副主席签发。

六、核准与复议

基于效率原则，国务院证券监督管理机构或者国务院授权的部门的核准程序有时间上的要求，应当自受理证券发行申请文件之日起3个月内，依照法定条件和法定程序作出予以核准或者不予核准的决定，发行人根据要求补充、修改发行申请文件的时间不计算在内；不予核准的，应当说明理由。

证监会有权根据审核情况作出是否核准的决定并出具书面文件。

发行申请未被核准的企业，接到中国证监会的书面决定之日起60日内，可提出复议申请。证监会收到复议申请后60日内，对复议申请作出决定。

【法条指引】

中华人民共和国证券法（节录）

第十一条第一款 发行人申请公开发行股票、可转换为股票的公司债券，依法采取承销方式的，或者公开发行法律、行政法规规定实行保荐制度的其他证券的，应当聘请具有保荐资格的机构担任保荐人。

第十二条 设立股份有限公司公开发行股票，应当符合《中华人民共和国公司法》规定的条件和经国务院批准的国务院证券监督管理机构规定的其他条件，向国务院证券监督管理机构报送募股申请和下列文件：

（一）公司章程；

（二）发起人协议；

（三）发起人姓名或者名称，发起人认购的股份数、出资种类及验资证明；

（四）招股说明书；

（五）代收股款银行的名称及地址；

（六）承销机构名称及有关的协议。

依照本法规定聘请保荐人的，还应当报送保荐人出具的发行保荐书。

法律、行政法规规定设立公司必须报经批准的，还应当提交相应的批准文件。

第十三条 公司公开发行新股，应当符合下列条件：

（一）具备健全且运行良好的组织机构；

（二）具有持续盈利能力，财务状况良好；

（三）最近三年财务会计文件无虚假记载，无其他重大违法行为；

（四）经国务院批准的国务院证券监督管理机构规定的其他条件。

上市公司非公开发行新股，应当符合经国务院批准的国务院证券监督管理机构规定的条件，并报国务院证券监督管理机构核准。

第十四条 公司公开发行新股，应当向国务院证券监督管理机构报送募股申请和下列文件：

（一）公司营业执照；

（二）公司章程；

（三）股东大会决议；

（四）招股说明书；

（五）财务会计报告；

（六）代收股款银行的名称及地址；

（七）承销机构名称及有关的协议。

依照本法规定聘请保荐人的，还应当报送保荐人出具的发行保荐书。

第十五条 公司对公开发行股票所募集资金，必须按照招股说明书所列资金用途使用。改变招股说明书所列资金用途，必须经股东大会作出决议。擅自改变用途而未作纠正的，或者未经股东大会认可的，不得公开发行新股。

第五节 公司债券发行制度

【规则要点】

凡是按照公司法设立的公司，不管是有限责任公司还是股份有限公司都可以发行债券。发行债券必须符合法律规定的条件。在普通债券之外，还存在可转换债券，在满足一般债权发行条件下还应达到法律规定的其他要求。

【理解与适用】

一、发行公司债券的一般条件

（一）证券法规定的一般条件

根据证券法第 16 条规定，公开发行公司债券，应当符合下列条件：

1. 净资产条件

股份有限公司的净资产不低于人民币 3000 万元，有限责任公司的净资产不低于人民币 6000 万元。在公司法上，净资产等于总资产减去总负债，即为资产负债表所记载的股东权益。公司净资产由公司股本、公积金和未分配利润三部分组成。

2. 债券余额条件

公司累计债券余额不超过公司净资产的 40%。按照公司债券余额和净资产额之间的比例，限制公司债券的发行总额，有助于保障公司到期还本付息的能力，这也是国外公司法采取的通常做法。

3. 可分配利润条件

公司最近 3 年平均可分配利润足以支付公司债券 1 年的利息。可分配利润是指从公司税后利润提取公积金以后剩余的金额。

4. 筹集资金用途条件

公司筹集的资金用途应当符合发行公司债券时的国家产业政策。

5. 债券利率条件

公司债券的利率不超过国务院限定的利率水平。国务院发布的《企业债券管理条例》第 18 条规定，企业债券的利率不得高于银行同期居民储蓄定期存款利率的 40%。

6. 募集资金用途

公开发行公司债券筹集的资金，必须用于核准的用途，不得用于弥补亏损和非生产性支出。《企业债券管理条例》规定，企业发行债券所筹集资金，不得用于房地产买卖、股票买卖和期货交易等与本企业生产经营无关的风险性投资。

证券法第 18 条规定了不得再次公开发行公司债券的禁止性规定：

1. 前一次公开发行的公司债券尚未募足；

2. 对已公开发行的公司债券或者其他债务有违约或者延迟支付本息的事实，仍处于继续状态；

3. 违反证券法规定，改变公开发行公司债券所募资金的用途。

（二）证券公司发行公司证券的特别条件

证券公司发行公司债券，应当根据《证券公司债券管理暂行办法》的规定，报经证监会批准。

证券公司公开发行债券应当符合以下条件：

1. 发行人为综合类债券公司；

2. 最近一期期末经审计的净资产不低于人民币10亿元；

3. 各项风险监控指标符合证监会的有关规定；

4. 最近2年内未发生重大违法违规行为；

5. 具有健全的股东会、董事会运作机制及有效的内部管理制度，具备适当的业务隔离和内部控制技术支持系统；

6. 资本为被具有实际控制权的自然人、法人或其他组织及其关联人占用；

7. 证监会规定的其他条件。

二、可转换公司债券的发行和转换条件

可转换公司债券是特殊类型的公司债券，可以按照约定的期限与比例转化为发行公司的股票。可转换公司债券可以再分类为普通的可转换公司债券和“分离交易的可转换公司债券”。

（一）可转换公司债券的发行条件

证券法和公司法规定，上市公司经股东大会决议，可以发行可转换为股票的公司债券，并在公司债券募集办法中规定具体的转换办法。发行行为除应当符合公开发行债券的一般条件外，还应当符合证券法关于公开发行股票的条件，并报国务院证券监督管理机构核准。发行可转换为股票的公司债券，应当在债券上标明可转换公司债券字样，并在公司债券存根簿上载明可转换公司债券的数额。

具体而言，根据《上市公司证券发行管理办法》，公开发行可转换公司债券的，应当符合以下条件：

1. 首先应符合证券发行的一般条件。

2. 盈利条件：最近3个会计年度内平均净资产收益率不低于6%。扣除非经常损益后的净利润与扣除前的净利润相比，以低者作为加权平均净资产收益率的计算依据。

3. 债券余额条件：本次发行后累计公司债券余额，不超过最近一期期末公司净资产额的40%。

4. 可分配利润：最近3个会计年度实现的年均可分配利润不少于公司债券1年的利息。

5. 债券利率：可转换公司债券的利率由发行人和主承销商协商确定，但必须符合国家有关政策。

6. 债券期限：可转换公司债券的期限最短为1年，最长为6年。

7. 债券担保：发行可转换公司债券的，应当提供担保，最近一期期末经审计的净资产不低于人民币15亿元的公司除外。

提供担保的，应当为全额担保，担保范围包括债券的本金及利息、违约金、损害赔偿金和实现债权的费用。

以保证方式提供担保的，应当为连带责任担保，且保证人最近一期经审计的净资产额应不低于其累计对外担保的金额。证券公司或上市公司不得作为发行可转债的担保人，但上市商业银行除外。

设定抵押或质押的，抵押或质押财产的估值应不低于担保金额。估值应经有资格的资产评估机构评估。

8. 资信评级：公开发行可转换公司债券，应当委托具有资格的资信评级机构进行信用评级和跟踪评级。资信评级机构每年至少公告一次跟踪评级报告。

（二）可转换公司债券转换为股份

可转换公司债券的持有人，根据募集说明书约定的转换期限和转换价格，有权将所持有的可转换公司债券转换为发行人股票。可转换债券的核心特征是“持有人有权选择债券转换为股票”。公司法第162条规定：“发行可转换为股票的公司债券的，公司应当按照其转换办法向债券持有人换发股票，但债券持有人对转换股票或者不转换股票有选择权。”

同时，发行人也有权按照约定条款赎回已发行的公司债券，实际阻止债券持有人的转换请求权。

1. 转换期限

可转换公司债券自发行结束后6个月内，方可转换为公司股票。具体转换期限根据可转换公司债券的存续期限及公司财务状况，由发行人确定。

2. 转换价格

转换价格由募集说明书事先约定，是可转换公司债券转换为每股股份所支付的价格。转换价格具有波动性：

（1）转换价格应不低于募集说明书公告前20个交易日该发行人股票的交易均价以及前一交易日的均价；

（2）募集说明书应当约定转换价格的调整原则及方式。由于股本变动及分红派息引起上市公司股份变动的，应当调整转换价格。

3. 阻止转换

根据《上市公司证券发行管理办法》的规定，募集说明书可以约定如下条款：

（1）赎回条款，即规定上市公司可按事先约定的条件和价格赎回尚未转股的可转换公司债券；

（2）回售条款，规定债券持有人可按事先约定的条件和价格将所持债券回售给上市公司。募集说明书还应当约定，上市公司改变公告的募集资金用途的，赋予债券持有人一次回售的权利。

三、分离交易的可转换公司债券

"分离交易的可转换公司债券"，是将认股权证从附有认股权证的可转换债券中分离出来的债券结构。根据《上市公司证券发行管理办法》的规定，上市公司公开发行认沽权和债券分离交易的可转换公司债券，公司债券和认股权证分别符合证券交易所上市条件的，应当分别上市交易。

（一）发行条件

发行分离交易的可转换公司债券，除符合《上市公司证券发行管理办法》关于发行证券的一般规定外，还应当符合下列规定：

1. 公司最近一期末经审计的净资产不低于人民币15亿元；

2. 最近3个会计年度实现的年均可分配利润不少于公司债券1年的利息；

3. 最近3个会计年度经营活动产生的现金流量净额平均不少于公司债券1年的利息，符合该管理办法第14条第（一）项规定，最近3个会计年度加权平均净资产收益率平均不低于6%的公司除外；

4. 本次发行后累计公司债券余额不超过最近一期末净资产额的40%，预计所附认股权全部行权后募集的资金总量不超过拟发行公司债券金额；

5. 分离交易的可转换公司债券的期限最短为1年。

（二）公司债券与认股权证的分离

分离交易的可转换公司债券实现了公司债券与认股权证的分离，成为相互联系又相互独立的证券类型，实际上已转换为公司债券和认股权证分别上市交易。根据《上市公司证券发行管理办法》的规定，债券的面值、利率、信用评级、偿还本息、债权保护以及发行人提供担保的，适用《上市公司证券发行管理办法》关于可转换债券的规定。

已分离的认股权证，属于延伸证券，是认股权持有人按照事先约定的行权价格、期限、比例等要素，购买发行人股票的选择权。购买发行人股票的选择权，应当符合《上市公司证券发行管理办法》的如下特别规定：

1. 行权价格

认股权证的行权价格应不低于公告募集说明书日前20个交易日公司股票均价和前1个交易日的均价。

2. 存续期限

认股权证的存续期间不超过公司债券的期限，自发行结束之日起不少于6个月。募集说明书公告的权证存续期限不得调整。

3. 行权期限

认股权证自发行结束至少已满6个月起方可行权，行权期间为存续期限届满前的一段期间，或者是存续期限内的特定交易日。

【法条指引】

中华人民共和国证券法（节录）

第十六条 公开发行公司债券，应当符合下列条件：

（一）股份有限公司的净资产不低于人民币三千万元，有限责任公司的净资产不低于人民币六千万元；

（二）累计债券余额不超过公司净资产的百分之四十；

（三）最近三年平均可分配利润足以支付公司债券一年的利息；

（四）筹集的资金投向符合国家产业政策；

（五）债券的利率不超过国务院限定的利率水平；

（六）国务院规定的其他条件。

公开发行公司债券筹集的资金，必须用于核准的用途，不得用于弥补亏损和非生产性支出。

上市公司发行可转换为股票的公司债券，除应当符合第一款规定的条件外，还应当符合本法关于公开发行股票的条件，并报国务院证券监督管理机构核准。

第六节　公司债券的发行审核程序

【规则要点】

申请公开发行公司债券，应当在完成法定的推荐程序后，向国务院授权的部门或者国务院证券监督管理机构报送法定要求的申请文件，申请核准。

【理解与适用】

一、核准机构

证券法规定，公开发行证券，必须依法报经国务院证券监督管理机构或者国务院授权的部门核准；申请公开发行公司债券，应当向国务院授权的部门或者国务院证券监督管理机构报送申请文件，即由以上两个部门负责核准公开发行公司债券的申请 。

（一）国务院授权的部门

《企业债券管理条例》明确规定，企业债券发行的审批权在中国人民银行和国家发展和改革委员会。发行审批的主要职权在于国家发改委，由国家发改委从国家产业政策、项目可行性、企业财务状况、债券发行条款、评级担保等方面进行全面审查。中国人民银行主要对发行利率方面提出审批意见。

（二）证监会

根据证券法关于证监会审核各种证券公开发行申请的规定，在国家发改委和中国人民银行之外，证监会也有权审核企业债券的公开发行。各方职权的设置和行使应当相互补充，相互监督。

二、推荐程序

发行公司债券，必须经过法定的推荐程序，包括行政程序和申请程序两个阶段。行政程序分为发行额度控制和分配程序，申请程序主要是保荐人推荐程序。

（一）发行额度及分配

对于公司债券的发行，我国采取了发行规模的控制制度，按照“自下而上”和“自上而下”的方式分配发行制度。《企业债券管理条例》第10条规定：“国家计划委员会会同中国人民银行、财政部、国务院证券委员会拟订全国企业债券发行的年度规模和规模内的各项指标，报国务院批准后，下达各省、自治区、直辖市、计划单列市人民政府和国务院有关部门执行。未经国务院同意，任何地方、部门不得擅自突破企业债券发行的年度规模，并不得擅自调整年度规模内的各项指标。”

（二）保荐程序

在取得公司债券发行额度后，申请人还应根据证券法聘请保荐人，由保荐人出具发行保荐书。

三、报送文件

证券法第17条规定，申请公开发行公司债券，应当向国务院授权的部门或者国务院证券监督管理机构报送下列文件：

1. 公司营业执照；
2. 公司章程；
3. 公司债券募集办法；
4. 资产评估报告和验资报告；
5. 国务院授权的部门或者国务院证券监督管理机构规定的其他文件；
6. 依照证券法规定聘请保荐人的，还应当报送保荐人出具的发行保荐书。

四、核准程序

国务院证券监督管理机构或者国务院授权的部门应当自受理证券发行申请文件之日起 3 个月内，依照法定条件和法定程序作出予以核准或者不予核准的决定，发行人根据要求补充、修改发行申请文件的时间不计算在内；不予核准的，应当说明理由。

【法条指引】

中华人民共和国证券法（节录）

第十条第一款　公开发行证券，必须符合法律、行政法规规定的条件，并依法报经国务院证券监督管理机构或者国务院授权的部门核准；未经依法核准，任何单位和个人不得公开发行证券。

第十七条　申请公开发行公司债券，应当向国务院授权的部门或者国务院证券监督管理机构报送下列文件：

（一）公司营业执照；

（二）公司章程；

（三）公司债券募集办法；

（四）资产评估报告和验资报告；

（五）国务院授权的部门或者国务院证券监督管理机构规定的其他文件。

依照本法规定聘请保荐人的，还应当报送保荐人出具的发行保荐书。

企业债券管理条例（节录）

第十一条　企业发行企业债券必须按照本条例的规定进行审批；未经批准的，不得擅自发行和变相发行企业债券。

中央企业发行企业债券，由中国人民银行会同国家计划委员会审批；地方企业发行企业债券，由中国人民银行省、自治区、直辖市、计划单列市分行会同同级计划主管部门审批。

第七节　公开发行证券的审核规则

【规则要点】

中国证券发行实行实质审查。发行人不仅需要在形式上具备发行条件，完成法定发行程序，还应当符合相关部门的实质性审查。日后发现的不符合法定条件或者法定程序的发行决定，会作出撤销处理并承担相应法律责任。

【理解与适用】

一、证券发行的审核规则

中国证券发行的审核以实质审查为原则。证券监管部门核准、审批证券发行申请时，还必须依法遵守以下具体规则：

1. 报送文件应当符合法律规定

发行人向监管机构提出证券发行申请的，应当严格遵守法定的信息披露准则。发行人向国务院证券监督管理机构或者国务院授权的部门报送的证券发行申请文件，必须做到真实、准确、完整。

为证券发行出具有关文件的证券服务机构和人员，必须严格履行法定职责，保证其所出具文件的真实性、准确性和完整性。

2. 审核机关依照法定条件审核

不同的证券类型其发行审核条件各不相同，审核机关要依照法定条件进行审核。

3. 审核机关按照法定文件以及格式进行审核

4. 审核程序应当遵守法定的审核期限

证券法第 24 条规定，国务院证券监督管理机构或者国务院授权的部门应当自受理证券发行申请文件之日起 3 个月内作出决定。不予核准的，应说明理由。

5. 核准程序应当公开并依法接受监督

为预防串通和腐败，核准程序必须保持公开，接受公众的监督。参与审核和核准股票发行申请的人员，不得与发行申请人有利害关系，不得直接或者间接接受发行申请人的馈赠，不得持有所核准的发行申请的股票，不得私下与发行申请人进行接触。

国务院证券监督管理机构依法制定的规章、规则和监督管理工作制度应当公开；国务院证券监督管理机构依据调查结果，对证券违法行为作出的处罚决定，应当公开。

二、证券发行审核的法律后果

（一）确认发行人在形式上具备了发行条件

审核的基本任务是审核申请人之发行条件与法定条件之间的一致性，尽力消除劣质证券的发行。当然，审核机关同样有权审查发行申请的实质内容。但审核机关作出核准决定，至少意味着报送文件解释的内容符合法定的发行条件，申请人在形式上具备了发行条件。

（二）确认债券发行之程序合法

公开发行证券，必须符合法律、行政法规规定的条件，这是最基本的要求。未经法定机关核准，擅自公开或者变相公开发行证券的，应承担相应法律责任。由此可见，是否获得审核机关的核准意见是判定证券发行合法与否的前提。

（三）奠定发行人和投资者自担风险的基础

股票依法发行后，发行人经营与收益的变化，由发行人自行负责；由此变化引致的投资风险，由投资者自行负责。审核机关作出统一核准的决定，只表明审核机关确认了报送文件与法定条件的一致性，审核机关不对发行人或投资者未来经营和收益状况提供担保，证券交易中的风险始终由发行人和投资者等市场主体承担。

（四）证券发行批准的撤销

法律规定了两种特殊情形下，证券发行批准可被依法撤销。根据证券法第26条的规定，国务院证券监督管理机构或者国务院授权的部门对已作出的核准证券发行的决定，发现不符合法定条件或者法定程序时有权决定：

1. 对于尚未发行的证券，予以撤销，停止发行；
2. 已经发行尚未上市的证券，撤销发行核准决定。

撤销后，发行人应当按照发行价并加算银行同期存款利息返还证券持有人。

在责任承担上，依照该条的规定，保荐人应当与发行人承担连带责任，但是能够证明自己没有过错的除外；发行人的控股股东、实际控制人有过错的，应当与发行人承担连带责任。这两类主体均存在承担过错责任的问题，判断过错的标准，对保荐人来说应当是是否履行了尽职调查义务；对控制人来说，应当适用公司法上公司人格否认制度。在举证责任上，保荐人被推定为过错，其举证责任倒置；发行人的控制人的过错由原告证明。

【法条指引】

中华人民共和国证券法（节录）

第二十条 发行人向国务院证券监督管理机构或者国务院授权的部门报送的证券发行申请文件，必须真实、准确、完整。

为证券发行出具有关文件的证券服务机构和人员，必须严格履行法定职责，保证其所出具文件的真实性、准确性和完整性。

第二十一条 发行人申请首次公开发行股票的，在提交申请文件后，应当按照国务院证券监督管理机构的规定预先披露有关申请文件。

第二十二条 国务院证券监督管理机构设发行审核委员会，依法审核股票发行申请。

发行审核委员会由国务院证券监督管理机构的专业人员和所聘请的该机构外的有关专家组成，以投票方式对股票发行申请进行表决，提出审核意见。

发行审核委员会的具体组成办法、组成人员任期、工作程序，由国务院证券监督管理机构规定。

第二十三条 国务院证券监督管理机构依照法定条件负责核准股票发行申请。核准程序应当公开，依法接受监督。

参与审核和核准股票发行申请的人员，不得与发行申请人有利害关系，不得直接或者间接接受发行申请人的馈赠，不得持有所核准的发行申请的股票，不得私下与发行申请人进行接触。

国务院授权的部门对公司债券发行申请的核准，参照前两款的规定执行。

第二十四条 国务院证券监督管理机构或者国务院授权的部门应当自受理证券发行申请文件之日起三个月内，依照法定条件和法定程序作出予以核准或者不予核准的决定，发行人根据要求补充、修改发行申请文件的时间不计算在内；不予核准的，应当说明理由。

第二十六条 国务院证券监督管理机构或者国务院授权的部门对已作出的核准证券发行的决定，发现不符合法定条件或者法定程序，尚未发行证券的，应当予以撤销，停止发行。已经发行尚未上市的，撤销发行核准决定，发行人应当按照发行价并加算银行同期存款利息返还证券持有人；保荐人应当与发行人承担连带责任，但是能够证明自己没有过错的除外；发行人的控股股东、实际控制人有过错的，应当与发行人承担连带责任。

第三章

证券发行的承销和保荐

第一节　证券承销的分类

【规则要点】

在目前，法律一般要求证券的发行采取间接发行的方式，即由经营证券承销业务的证券公司替发行人销售证券。证券承销分为包销和代销。

【理解与适用】

证券公司按照发行人的委托，向投资者销售、促进销售或者代为销售拟发行证券的行为，即为证券承销。

在证券承销关系中，发行人为委托人，证券公司是受托人，发行人与证券公司之间必须签订和履行书面的承销协议，最终完成证券发行事务。承销商必须是具有法定资质的证券公司，证券公司的资质管理由证券公司负责。

证券承销主要反映了发行人和承销商之间的权利义务关系。证券承销的适用范围较广，发行人向不特定对象发行的证券，法律、行政法规规定应当由证券公司承销的，发行人应当同证券公司签订承销协议。向不特定对象发行的证券票面总值超过人民币5000万元的，应当由主承销和参与承销的证券公司组成的承销团承销。

一、包销和代销

根据发行人和承销商之间的权利义务不同，证券承销可以分为代销和包销。

根据证券法第 28 条的规定，证券承销业务采取代销或者包销方式。证券代销是指证券公司代发行人发售证券，在承销期结束时，将未售出的证券全部退还给发行人的承销方式；证券包销是指证券公司将发行人的证券按照协议全部购入或者在承销期结束时将售后剩余证券全部自行购入的承销方式。

发行人与承销商具体的承销方式，其实质是发行人和承销商对于如何划分证券销售风险的协定。

（一）证券代销

代销是一种代理关系，承销人是代理人，发行人是委托人，承销人代发行人销售。在采用代销时，未售出证券的风险，由发行人承担。

发行人采用代销方式的，可能遇到发行失败的问题并引起募集资金返还的后果。代销期限届满，向投资者出售的股票数量未达到拟公开发行股票数量 70% 的，为发行失败。

（二）证券包销

证券包销是一种买卖关系，发行人是卖方，承销人是买方，买卖一旦成交，其集资活动即告结束。承销人即便无法出售也不能退还发行人，这种情况被称作套牢。

证券包销分为全额包销和余额包销：

1. 全额包销

全额包销是指证券公司以自有资金一次性全部买进发行人所发行的全部证券，再以自己名义向证券投资者出售所购证券的承销方式。全额包销分为两个销售阶段：

（1）在第一市场中，证券公司全额购买发行人发行的全部证券；

（2）在第二市场中，证券公司以自己的名义和风险，将购得的证券再次出售给投资者。

2. 余额包销

余额包销是指证券公司在承销期内积极销售发行人的证券，如果在承销期结束时仍有未售出证券的，证券公司应以自己的名义和资金，购买发行人未售出的证券。

在承销期内，证券公司相当于发行人的代理人；在承销期结束之后，证券公司自动转为未售出证券的购买人，以自有资金与发行人办理销售结算。

（三）证券代销和包销的风险分配

全额包销和余额包销的共同特征是证券销售风险已转移给证券公司，发行人避免了发行失败的风险，只不过在募集资金的来源上不完全相同。而证券代销是将发行风险主要转移给发行人。

包销人为了避免套牢的风险发生，在签订包销协议前必须做好调查工作和可行性研究，充分了解市场与客户需求，确信在向发行人购入证券之后能够顺利地将证券推销出去。除此之外，为避免或者限制发行风险，证券市场主体创设了各种化解发行风险的技术方法。例如，签订限定责任和分担风险条款，限定各方责任范围，理清各方利益关系；或者妥善商定承销费用和包销比例，平衡发行人和证券公司的利益关系。

【风险提示】

证券承销的风险不仅仅是套牢，还有因发行人公开失真而招致的对投资者的民事赔偿责任。根据证券法的规定，法定公开内容存在虚假记载、误导性陈述或者重大遗漏，承销的证券公司应当与发行人、上市公司对投资者遭受的损害承担连带赔偿责任，但是能够证明自己没有过错的除外。发行人负无过错责任；承销人负过错责任。

二、单独承销和承销团承销

按照参与承销的承销商数量，可将证券承销分为单独承销和承销团承销。如果发行的证券数额较小，一家证券公司即可承担全部的承销任务。但是如果数额较大，一家证券公司承销风险太大，而且客户网络比较有限，所以往往由多个证券公司组织一个承销团共同完成证券的销售。

证券法规定，承销团应当由主承销和参与承销的证券公司组成。承销团需要推选一家证券公司担任承销经理，也叫主承销商。主承销商为承销团雇请律师，代表承销团全体成员与发行人谈判、签订承销协议。

在一定条件下，必须采取承销团承销。根据证券法规定：向不特定对象发行的证券票面总值超过人民币5000万元的，应当由承销团承销。因此，在符合以上条件时必须采取承销团承销。

【法条指引】

中华人民共和国证券法（节录）

第二十八条 发行人向不特定对象发行的证券，法律、行政法规规定应当由证券公司承销的，发行人应当同证券公司签订承销协议。证券承销业务采取代销或者包销方式。

证券代销是指证券公司代发行人发售证券，在承销期结束时，将未售出的证券全部退还给发行人的承销方式。

证券包销是指证券公司将发行人的证券按照协议全部购入或者在承销期结束时将售后剩余证券全部自行购入的承销方式。

第二十九条 公开发行证券的发行人有权依法自主选择承销的证券公司。证券公司不得以不正当竞争手段招揽证券承销业务。

第三十条 证券公司承销证券，应当同发行人签订代销或者包销协议，载明下列事项：

（一）当事人的名称、住所及法定代表人姓名；

（二）代销、包销证券的种类、数量、金额及发行价格；

（三）代销、包销的期限及起止日期；

（四）代销、包销的付款方式及日期；

（五）代销、包销的费用和结算办法；

（六）违约责任；

（七）国务院证券监督管理机构规定的其他事项。

第三十五条 股票发行采用代销方式，代销期限届满，向投资者出售的股票数量未达到拟公开发行股票数量百分之七十的，为发行失败。发行人应当按照发行价并加算银行同期存款利息返还股票认购人。

第六十九条 发行人、上市公司公告的招股说明书、公司债券募集办法、财务会计报告、上市报告文件、年度报告、中期报告、临时报告以及其他信息披露资料，有虚假记载、误导性陈述或者重大遗漏，致使投资者在证券交易中遭受损失的，发行人、上市公司应当承担赔偿责任；发行人、上市公司的董事、监事、高级管理人员和其他直接责任人员以及保荐人、承销的证券公司，应当与发行人、上市公司承担连带赔偿责任，但是能够证明自己没有过错的除外；发行人、上市公司的控股股东、实际控制人有过错的，应当与发行人、上市公司承担连带赔偿责任。

第二节　证券承销法律关系

【规则要点】

证券承销法律关系具有一定的特殊性。承销法律关系的主体通常为发行人和承销商。通常情况下，当事人有权自行约定承销权利义务。但证券法第 30 条规定了承销协议应当包含的内容，对当事人意思自治进行了一定的限制。除此以外，部分条款内容由法律保留，双方不得约定改变，例如，证券公司不得事先预留所发行的证券；证券公司有义务核查发行人申请文件，发现违法情形的不得进行销售活动等。

证券承销协议在效力上的特殊性表现在其明显地具有“涉他性”，当事人应承担对投资者的法定担保义务。投资者是最终的证券持有人，发行人和承销商必须保证证券的合法性，确保相关信息准确、真实、完整。

【理解与适用】

一、证券承销协议

（一）证券承销协议的特点

1. 承销协议是格式条款

在证监会的严格监管之下，承销协议必须采取书面形式，承销协议应当记载法律、法规和证监会要求记载的事项。

2. 承销协议签署之后，必须提交证监会核准

证券法第 12 条、第 14 条规定，承销协议是证券发行的法定送审文件。

发行人向证监会报送送审文件时，必须提供与承销机构草签的承销协议以及承销方案。证监会对承销协议内容提出反馈意见的，承销双方应当根据该反馈意见进行补充、修改。

3. 承销协议内容不得违反效力性、强制性法律规定

对于承销协议记载的条款，法律法规有特别规定的，必须按照该特别规定签订承销协议。

（二）证券承销协议主要条款

证券法第30条规定了证券公司承销证券同发行人签订代销或者包销协议时应当载明的事项：

1. 协议当事人情况：包括当事人的名称、住所及法定代表人姓名。

2. 标的条款：包括代销、包销证券的种类、数量、金额及发行价格。

3. 代销、包销的期限及起止日期：法律规定证券的代销、包销期限最长不得超过90日。

4. 付款和结算条款：承销商收取认购款项后，向发行人支付款项的金额、时间和方式等。

5. 承销费用条款：包括代销、包销的费用和结算办法。

6. 违约责任：例如，由于承销证券的风险很大来自于发行人公开失真而向投资者赔偿，承销人为保护自身利益会要求发行人在承销协议中同意赔偿该项损失，称为补偿条款；如果承销团内个别人员不能如数购入发行人的证券而违约导致承销合同被解除，发行人只能向违约的证券公司要求损害赔偿，称之为个别违约条款。

7. 国务院证券监督管理机构规定的其他事项。

（三）其他条款

在法律不禁止，也不违反证券法原则、精神的情况下，当事人可以在承销协议中作一些约定，例如：

1. 靠边站条款

为了使证券的销售工作能顺利进行，发行人还会同意在承销期内以及以后一定时期内不发行或不销售相同种类证券的条款。

2. 声明和担保条款

发行人向承销人保证向政府提交的用于公开的申请文件是真实可靠的，没有重大遗漏、符合法律要求的。

3. 先决条件条款

承销人可以提出一些付款的先决条件，作为双方同意的条款。

4. 协议中止条款

一旦发行人或其子公司的盈利情况、业务情况或者事业前景等发生重大的负面变故，承销人得以中止协议的执行。如果发生不可抗力或者重大的意外事件致使证券难以销售，承销人也可以中止协议的执行。

二、证券分销协议

分销协议是承销团成员根据承销协议协商达成的，在成员内部分配拟发行证券的协议，以合同的形式明确承销团成员之间的内部法律关系。

当采用承销团方式发行证券时，承销的证券总数需要在承销团的成员之间分摊。各成员根据自己的承销能力自报。承销经理在牵头组织承销团时，按照自报的数额来估算承销商的数量，并根据各证券公司的信誉与合作关系来确定承销团的组成成员。

承销经理的报酬包括自己承销部分证券的承销酬金和担任承销经理的酬金组成，而担任承销经理的酬金是从成员的承销酬金中分成。

证券分销协议在承销团承销时必须签订，对全体成员具有约束力。分销协议的生效以承销协议生效为前提。在承销协议签订前，承销团成员对分销协议进行磋商；在签署承销协议时，承销团成员签订分销协议。

三、证券发行与承销定价

承销协议最重要的是价格条款。价格是买卖双方，即承销人和发行人协商确定的，而价格的确定又是以资产评估为基础的，受市场供求影响。

（一）发行价格的确定原则

1. 市场定价

市场定价指由发行人、承销商以及投资者共同参与确定发行价格。证券能否卖出，不仅取决于发行人和承销商的主观愿望，更决定于投资者对发行价格的接受程度。为了反映市场供求关系和市场价值，股票发行可以采取协商定价方式，也可以采取询价方式、上网竞价方式。公司发行新股，可以根据公司经营情况和财务状况，确定其作价方案。市场定价正成为主导的定价模式。

2. 依法定价

公司法规定了“不得折扣发行证券”以及“同次发行、同股同价”规则，成为市场定价的有益补充。

同次发行、同股同价是指公司法第 126 条规定的股份的发行，实行公平、公正的原则，同种类的每一股份应当具有同等权利。同次发行的同种类股票，每股的发行条件和价格应当相同；任何单位或者个人所认购的股份，每股应当支付相同价额。

禁止股票折扣发行，是指股票发行价格不得低于股票票面金额。公司法第 127 条规定：“股票发行价格可以按票面金额，也可以超过票面金额，但不得低于票面金额。”当前，我国境内发行上市的绝大多数普通股股份每股的“票面金额”均为 1 元，实际发行价通常高于 1 元，即普遍是溢价发行。

（二）发行价格的确定方法

1. 市盈率法定倍数确定法

市盈率法定倍数确定法，是指以每股利润与市盈率一定倍数的乘积作为股票发行价格。市盈率是指每股股票的市场价格与每股股份的盈利之间的比率或者倍数，也就是在发行人财务数据不变的情况下，现有每股盈利全部分配的基础上投资者收回投资所花费的年限。股票价格 = 每股盈利 × 市盈率；市盈率 = 股票价格 ÷ 每股盈利。

2. 竞价确定法

竞价确定法，是指投资者在指定时间内通过交易柜台或者证券交易所网络，按照限额比例或数量进行申购，申购期满后，由证券交易所将所有有效申购按照价格优先、同价位申报按照时间优先的原则，将所有认购委托由高价位向低价位排队，并由高价位到低价位累计有效认购数量，当累计数量恰好达到或超过本次发行数量时的价格，即为本次发行价格。所以，通过竞价确定法形成的发行价格，是发行人售出全部股票的最高统一价格。

相比之下，竞价确定法是根据交易所交易情况确定发行价格，更能够准确反映证券的真实市场价格。但由于发行人披露的招股说明书只是描述发行价格的确定方法，申购期满后才能最终确定认购价格，这就加大了投资者申购成功的不确定性。

3. 市场询价法

市场询价法，是指发行人及承销商根据询价对象的询价反馈，确定发行价格的方法，主要适用于首次公开发行股票的场合。

根据《证券发行与承销管理方法》规定，运用市场询价确定发行价，应遵守以下规定：

（1）首次公开发行股票，可以通过向网下投资者询价的方式确定股票发行价格。

（2）网下投资者参与报价时，应当持有一定金额的非限售股份或存托凭证。发行人和主承销商可以根据自律规则，设置网下投资者的具体条件，并在发行公告中预先披露。主承销商应当对网下投资者是否符合预先披露的条件进行核查，对不符合条件的投资者，应当拒绝或剔除其报价。

（3）首次公开发行股票采用询价方式定价的，符合条件的网下机构和个人投资者可以自主决定是否报价，主承销商无正当理由不得拒绝。网下投资者应当遵循独立、客观、诚信的原则合理报价，不得协商报价或者故意压低、抬高价格。

（4）首次公开发行股票采用询价方式的，网下投资者报价后，发行人和主承销商应当剔除拟申购总量中报价最高的部分，剔除部分不得低于所有网下投资者拟申购总量的10%，然后根据剩余报价及拟申购数量协商确定发行价格。剔除部分不得参与网下申购。

公开发行股票数量在4亿股（含）以下的，有效报价投资者的数量不少于10家；公开发行股票数量在4亿股以上的，有效报价投资者的数量不少于20家。剔除最高报价部分后有效报价投资者数量不足的，应当中止发行。

四、承销商的特殊权利和义务

（一）超额配售选择权

承销商在调查时可能发现市场需求旺盛，所承销的股票供不应求，则可以请求发行人在承销协议中增加一个超额配售选择权，俗称绿鞋，允许它超额销售所发行的证券。获得超额配售选择权的主承销商根据新股发行的市场认购情况，有权在股票发行上市后的一段时间内，请求发行人额外发行一定数量股票，由主承销商将额外发行的股票出售给申购者；或者有权从市场上购入一定数量股票并出售给新股申购人。

证监会发布的《超额配售选择权试点意见》，对主承销商向投资者发售股份的数额进行了限制，不得超过包销数额的115%。

在超额配售选择权行使期限内，如果股票交易价格高于发行价格，主承销商就可以按照发行价格向申购者额外出售相当于本次发行总额15%的股票，股票价格由主承销商支配。即通过增加供给抑制价格过高；如果交易价格低于发行价格，主承销商可以利用超额发售获得的资金，按照交易价格购买部分股票，再将所购买股票按照新股发行价格过户给申购者。即通过买进股票维持或提升交易价格。

通过行使超额配售选择权，既可以在市场价格低迷时维持股票交易价格相对稳定，又可以在市场价格高启时为发行人筹集到额外资金。

（二）顾问和销售义务

发行人初步形成发行计划之后，证券公司即通过参与发行准备活动与发行人形成了顾问及销售服务关系。早在签订承销协议之前，承销商就实质地开展了承销服务活动，发挥了发行顾问的功能，通过进场调查、验证资料、启动律师和会计师的专业工作，协调各方参与者关系，提出并调整发行方案、起草证券发行申请文件等。

（三）禁止违法招揽

证券法规定，证券公司不得以不正当竞争手段招揽证券承销业务。证券公司承担承销业务时不得违反证券法与反不正当竞争法的规定，采取不正当竞争手段损害其他经营者的合法权益，扰乱社会经济秩序。

（四）审核发行文件的义务

为避免发行人虚假公开给投资者带来损失，证券法第31条规定了证券公司的尽职调查义务。证券公司承销证券，应当对公开发行募集文件的真实性、准确性、完整性进行核查；发现有虚假记载、误导性陈述或者重大遗漏的，不得进行销售活动；已经销售的，必须立即停止销售活动，并采取纠正措施。如果证券公司因为尽职调查而没有发现本该发现的虚假不实之处致使投资者遭受了损失，就应当承担赔偿责任。

（五）禁止事先预留义务

证券法规定，证券公司在代销、包销期内，对所代销、包销的证券应当保证先行出售给认购人，证券公司不得为本公司预留所代销的证券和预先购入并留存所包销的证券。承销人受到承销合同的约束，只能按照发行价格销售，但热门证券在第二市场上的价格可能远高于发行价。承销商预留其承销的热门证券为自己谋取额外的利益必然是以牺牲认购人的利益为代价的，同时还可能对市场供求产生错误引导。

承销商应当履行积极促销义务，尽力开展发行推介，提高认购数量。代销、包销证券是以发行人名义向投资者出售证券，而预留证券实质上是承销商向发行人买入证券；因此代销、包销证券时，承销商必须首先满足认购者的购买意愿。

【法条指引】

中华人民共和国证券法（节录）

第三十一条　证券公司承销证券，应当对公开发行募集文件的真实性、准确性、完整性进行核查；发现有虚假记载、误导性陈述或者重大遗漏的，不得进行销售活动；已经销售的，必须立即停止销售活动，并采取纠正措施。

第三十三条　证券的代销、包销期限最长不得超过九十日。

证券公司在代销、包销期内，对所代销、包销的证券应当保证先行出售给认购人，证券公司不得为本公司预留所代销的证券和预先购入并留存所包销的证券。

第三节　证券发行上市保荐制度

【规则要点】

保荐制度的作用是最大限度确保所发行的证券符合证券法规定的发行条件，保证相关信息披露真实、准确、完整，不存在虚假陈述、误导性陈述或者重大遗漏。

公开发行证券应当聘请保荐人，履行保荐程序。保荐机构必须符合法律法规制定的资质要求，合法行使其保荐职责，承担相应的义务。保荐人未能尽职尽责而导致相关利害人的损失的，应承担相应的法律责任。

【理解与适用】

一、保荐制度概述

现行证券法第 11 条第 1 款确认了保荐制度：“发行人申请公开发行股票、可转换为股票的公司债券，依法采取承销方式的，或者公开发行法律、行政法规规定实行保荐制度的其他证券的，应当聘请具有保荐资格的机构担任保荐人。”

《证券发行上市保荐业务管理办法》规定，发行人应当就下列事项聘请具有保荐机构资格的证券公司履行保荐职责：

1. 首次公开发行股票并上市；
2. 上市公司发行新股、可转换公司债券；
3. 中国证券监督管理委员会认定的其他情形。

保荐人应当遵守业务规则和行业规范，诚实守信，勤勉尽责，对发行人的申请文件和信息披露资料进行审慎核查，督导发行人规范运作。

在理论上，保荐制度的作用是最大限度确保所发行的证券符合证券法规定的发行条件，保证相关信息披露真实、准确、完整，不存在虚假陈述、误导性陈述或者重大遗漏。而承销是为了实现销售利益最大化，取得最佳的发行效果。但《证券发行上市保荐业务管理办法》第 6 条规定了证券发行的主承销商可以由该保荐机构担任，也可以由其他具有保荐机构资格的证券公司与该保荐机构共同担任。因此，在实践当中，保荐机构必须同时兼任主承销商。

二、保荐机构和保荐代表人

（一）保荐机构的资格

保荐人的资格及其管理办法由国务院证券监督管理机构规定。《证券发行上市保荐业务管理办法》第 3 条规定：“证券公司从事证券发行上市保荐业务，应依照本办法规定向中国证监会申请保荐机构资格。保荐机构履行保荐职责，应当指定依照本办法规定取得保荐代表人资格的个人具体负责保荐工作。未经中国证监会核准，任何机构和个人不得从事保荐业务。”

根据《证券发行上市保荐业务管理办法》第9条，证券公司申请保荐机构资格，应当具备下列条件：

1. 注册资本不低于人民币1亿元，净资本不低于人民币5000万元；

2. 具有完善的公司治理和内部控制制度，风险控制指标符合相关规定；

3. 保荐业务部门具有健全的业务规程、内部风险评估和控制系统，内部机构设置合理，具备相应的研究能力、销售能力等后台支持；

4. 具有良好的保荐业务团队且专业结构合理，从业人员不少于35人，其中最近3年从事保荐相关业务的人员不少于20人；

5. 符合保荐代表人资格条件的从业人员不少于4人；

6. 最近3年内未因重大违法违规行为受到行政处罚；

7. 中国证监会规定的其他条件。

（二）保荐代表人

保荐代表人是受保荐机构指定或者委派，直接负责某个证券发行或者上市保荐事务的自然人。

《证券发行上市保荐业务管理办法》第11条规定，个人申请保荐代表人资格，应当具备下列条件：

1. 具备3年以上保荐相关业务经历；

2. 最近3年内在本办法第2条规定的境内证券发行项目中担任过项目协办人；

3. 参加中国证监会认可的保荐代表人胜任能力考试且成绩合格有效；

4. 诚实守信，品行良好，无不良诚信记录，最近3年未受到中国证监会的行政处罚；

5. 未负有数额较大到期未清偿的债务；

6. 中国证监会规定的其他条件。

三、保荐机构的职责

（一）首次公开发行股票前的辅导

根据《证券发行上市保荐业务管理办法》规定，保荐机构在推荐发行人首次公开发行股票并上市前，应当对发行人进行辅导，对发行人的董事、监事和高级管理人员、持有5%以上股份的股东和实际控制人（或者其法定代表人）进行系统的法规知识、证券市场知识培训，使其全面掌握发行上市、规范运作等方面的有关法律法规和规则，知悉信息披露和履行承诺等方面的责任和义务，树立进入证券市场的诚信意识、自律意识和法制意识。

保荐机构辅导工作完成后，应由发行人所在地的中国证监会派出机构进行辅导验收。

（二）独立、审慎的核查和判断职责

独立是指保荐人开展保荐工作时，应当独立于发行人、控制股东以及其他中介机构；审慎是指保荐人应当全面了解发行人的各种相关情况，对发行人的发行条件进行合法性审查。

证券法规定：保荐机构推荐发行人证券发行上市，应当遵循诚实守信、勤勉尽责的原则，按照中国证监会对保荐机构尽职调查工作的要求，对发行人进行全面调查，充分了解发行人的经营状况及其面临的风险和问题。

保荐业务管理办法对保荐人的职责作出了进一步的具体规定：

1. 审慎核查

对发行人申请文件、证券发行募集文件中有证券服务机构及其签字人员出具专业意见的内容，保荐机构应当结合尽职调查过程中获得的信息对其进行审慎核查，对发行人提供的资料和披露的内容进行独立判断。

保荐机构所作的判断与证券服务机构的专业意见存在重大差异的，应当对有关事项进行调查、复核，并可聘请其他证券服务机构提供专业服务。

2. 独立判断

对发行人申请文件、证券发行募集文件中无证券服务机构及其签字人员专业意见支持的内容，保荐机构应当获得充分的尽职调查证据，在对各种证据进行综合分析的基础上对发行人提供的资料和披露的内容进行独立判断，并有充分理由确信所作的判断与发行人申请文件、证券发行募集文件的内容不存在实质性差异。

3. 主动协商

保荐机构对证券服务机构及其签字人员出具的专业意见存有疑义的，应当主动与证券服务机构进行协商，并可要求其作出解释或者出具依据。

（三）协助配合、尽职推荐发行人证券发行、上市

保荐机构应当确信发行人符合法律、行政法规和中国证监会的有关规

定，方可推荐其证券发行上市。保荐机构决定推荐发行人证券发行上市的，可以根据发行人的委托，组织编制申请文件并出具推荐文件。

（四）承诺和担保义务

保荐人提出的前述肯定性保荐意见，表明保荐人确认发行人具备法律规定的证券发行条件。这种肯定性保荐意见具有公示性，将对社会公众投资者作出投资决定产生重要的实质性影响。

《证券发行上市保荐业务管理办法》特别要求保荐人在推荐文件中就下列事项作出承诺：

1. 有充分理由确信发行人符合法律法规及中国证监会有关证券发行上市的相关规定；

2. 有充分理由确信发行人申请文件和信息披露资料不存在虚假记载、误导性陈述或者重大遗漏；

3. 有充分理由确信发行人及其董事在申请文件和信息披露资料中表达意见的依据充分合理；

4. 有充分理由确信申请文件和信息披露资料与证券服务机构发表的意见不存在实质性差异；

5. 保证所指定的保荐代表人及本保荐机构的相关人员已勤勉尽责，对发行人申请文件和信息披露资料进行了尽职调查、审慎核查；

6. 保证保荐书、与履行保荐职责有关的其他文件不存在虚假记载、误导性陈述或者重大遗漏；

7. 保证对发行人提供的专业服务和出具的专业意见符合法律、行政法规、中国证监会的规定和行业规范；

8. 自愿接受中国证监会依照本办法采取的监管措施；

9. 中国证监会规定的其他事项。

如果发行人、上市公司公开的重要信息有虚假记录、误导性陈述或者重大遗漏，致使投资者在交易中遭受损失的，根据证券法第69条，保荐人应当与发行人、上市公司承担连带责任，但能够证明自己没有过错的除外。

（五）持续督导发行人履行法定义务

保荐机构在尽职推荐发行人证券发行上市时，还应当持续督导发行人履行规范运作、信守承诺、信息披露等义务。

具体而言，保荐机构应当针对发行人的具体情况，确定证券发行上市后持续督导的内容，督导发行人履行有关上市公司规范运作、信守承诺和信息披露等义务，审阅信息披露文件及向中国证监会、证券交易所提交的其他文件，并承担下列工作：

1. 督导发行人有效执行并完善防止控股股东、实际控制人、其他关联方违规占用发行人资源的制度；

2. 督导发行人有效执行并完善防止其董事、监事、高级管理人员利用职务之便损害发行人利益的内控制度；

3. 督导发行人有效执行并完善保障关联交易公允性和合规性的制度，并对关联交易发表意见；

4. 持续关注发行人募集资金的专户存储、投资项目的实施等承诺事项；

5. 持续关注发行人为他人提供担保等事项，并发表意见。

（六）中国证监会、证券交易所规定及保荐协议约定的其他工作

督导的时间计算规则因发行场所的不同而异。持续督导的期间自证券上市之日起计算。首次公开发行股票并在主板上市的，持续督导的期间为证券上市当年剩余时间及其后 2 个完整会计年度；主板上市公司发行新股、可转换公司债券的，持续督导的期间为证券上市当年剩余时间及其后 1 个完整会计年度。

首次公开发行股票并在创业板上市的，持续督导的期间为证券上市当年剩余时间及其后 3 个完整会计年度；创业板上市公司发行新股、可转换公司债券的，持续督导的期间为证券上市当年剩余时间及其后 2 个完整会计年度。

持续督导期届满，如有尚未完结的保荐工作，保荐机构应当继续完成。保荐机构在履行保荐职责期间未勤勉尽责的，其责任不因持续督导期届满而免除或者终止。

【法条指引】

中华人民共和国证券法（节录）

第十一条 发行人申请公开发行股票、可转换为股票的公司债券，依法采取承销方式的，或者公开发行法律、行政法规规定实行保荐制度的其

他证券的，应当聘请具有保荐资格的机构担任保荐人。

保荐人应当遵守业务规则和行业规范，诚实守信，勤勉尽责，对发行人的申请文件和信息披露资料进行审慎核查，督导发行人规范运作。

保荐人的资格及其管理办法由国务院证券监督管理机构规定。

第四十九条　申请股票、可转换为股票的公司债券或者法律、行政法规规定实行保荐制度的其他证券上市交易，应当聘请具有保荐资格的机构担任保荐人。

本法第十一条第二款、第三款的规定适用于上市保荐人。

第一百九十二条　保荐人出具有虚假记载、误导性陈述或者重大遗漏的保荐书，或者不履行其他法定职责的，责令改正，给予警告，没收业务收入，并处以业务收入一倍以上五倍以下的罚款；情节严重的，暂停或者撤销相关业务许可。对直接负责的主管人员和其他直接责任人员给予警告，并处以三万元以上三十万元以下的罚款；情节严重的，撤销任职资格或者证券从业资格。

第四章

证券交易制度

证券交易是证券持有人按照证券交易规则，向交易相对人转让证券的活动。证券交易以证券作为标的，交易行为应当在符合公司法以及合同法中的相应规定的基础上，严格遵守证券法规定的交易规则。

证券交易的种类繁多，交易类型不同，交易规则也有差别。证券法是特别法，是技术性规范，创设了复杂、严格的交易规则。除此之外，不同市场的组织者均有权制定专属于本市场的交易规则，从而导致交易规则更加繁多。

证券交易独立于创设证券权利的证券发行，一般情况下是投资者之间的交易。只要证券未被发行人购回或者兑付，只要发行人依法存续，已发行的证券始终处于可转让状态。在特殊情况下，发行人也可以充当证券交易的主体，例如，发行人购回股份，基金管理公司赎回发行在外的股份，债券发行人因债券到期、还本付息而收回公司债券凭证等。公众投资者不能直接进入证券市场，必须通过委托具有会员资格或者交易席位的证券公司的经纪服务才能参与交易。

第一节　证券交易的主要类型

【规则要点】

证券交易是特殊的市场交易。市场主体为了自身利益，可以创造出各种各样的交易形式，因此，交易形式具有开放性，无法将证券交易严格地分为界限清晰的不同种类，无法穷尽证券交易的所有类型。在此主要介绍现货交易、期货交易、期权交易以及信用交易。

【理解与适用】

中国证券市场，主要有以下几种交易类型。

一、现货交易

现货交易，是指交易双方在成交后即时清算交割证券和价款。现货交易的双方分别为持券待售者和持币待购者。持券待售的投资者意欲出售证券，换取货币；持币待购者希望购买证券，将货币转为证券。出卖人必须持有证券，购买人必须持有货币，成交日期与交割日期相对比较接近，交割风险较低，是我国证券交易采取的主要形式。

在证券现货交易中，成交和交割之间的时间间隔应当按照证券交易所规定的交割日期加以确定。证券交易的成交与交割的时间间隔一般不超过 20 日。但证券法并没有对交割日期作出明确规定，因此证券交易所有权自主决定。

在习惯上，交割日期可采用当日交割、次日交割和例行交割。当日交割也称为“T+0”交割，即在成交当日进行交割；次日交割称为“T+1”交割，指的是证券公司与投资者应当在成交后的下一个营业日开始前办理完毕交割事宜；如果下一个营业日恰逢法定节假日，交割日期顺延至该法定节假日开始后的第一个营业日；例行交割，依照交易所规定确定，如规定成交后 5 个营业日内进行交割。

二、期货交易

期货交易与现货交易相对应，可以包括远期交易，具有以下特点：

1. 交易对象是期货合约

期货交易的对象不是证券本身，而是期货合约。期货合约是指在未来购买或卖出并交割证券的合约。期货合约由证券交易所制定，属于标准合约。

2. 期货合约的期限通常较长

在合约期来临之前，期货合约持有人可以依照公开市场价格向他人出售期货合约，转让期货合约项下的权利，以避免在交割日期来临时向他人出售金融资产。

3. 期货交易具有预先成交、定期交割和价格独立的特点

交易双方在达成期货合同时，通常无意等到指定日期来临时实际交割证券资产，而是在买进期货合约后的适当时机再卖出期货合约，以谋取利益或减少损失，从而出现“多头交易”和“空头交易”。

在期货合约期限届满前，期货合约持有人有权要求对方向其交割证券资产。证券交易所为保持信誉和交割安全性，不仅要提供担保，还要求交割方存入需要交割的证券或者金钱。

三、期权交易

期权交易，是指当事人为了获得证券市场价格带来的利益，约定在一定时间内，以特定价格买进或者卖出指定证券，或者放弃买进或卖出指定证券。本质上，期权交易属于选择权交易。期权交易是以期权作为交易标的的交易形式，分为看涨期权和看跌期权。

（一）看涨期权

看涨期权，是指期权持有人有权在未来某一确定时间，以某一事先确定的价格，购买一定数量的标的资产即有价证券；期权出卖方应在到期日向对方卖出标的资产。看涨期权持有人可以在确定的日期购买证券实物资产，也可以在到期日时放弃购买证券资产。

（二）看跌期权

看跌期权，是指期权持有人有权在某一确定的时间，以某一事先确定的价格出售标的资产，期权买入方有义务依此价格买入标的资产。看跌期权持有人可以在确定日期出售证券实物资产，也可以拒绝出售证券实物资产而支付保证金。

四、信用交易

信用交易，是指投资者自己提供保证金并申请取得经纪人信用，在买进证券时由经纪人提供贷款，在卖出证券时由经纪人贷给证券而进行的交易。

在经济机能上，信用交易也可称为做空机制，是指以股指期货和股票期货为主的期货交易。投资者可以在并未实际持有证券的情况下现行卖出证券，并在未来某一约定的期间再行买入证券的交易。如果证券价格呈下跌走势，投资者就可以在先卖后买的过程中获利。

（一）信用交易的条件

1. 需有一定数额的保证金

信用交易是保证金交易，即投资者必须向经纪人交付一定数额的保证金，才能进行该种交易。保证金比例通常由证券交易所的交易规则加以确定；能否进行信用交易，取决于投资者与经纪人的协商。

2. 信用交易需有融资或者融券的内容

经纪人向投资者提供购买证券的贷款，为融资信用交易；经纪人向投资者提供拟出售的证券，为融券信用交易。在狭义上，信用交易也被称为“融资融券交易”。

信用交易具有活跃市场、创造公正市场价格以及满足投资者需求的优点。但信用交易具有较大的投资风险，必须均衡信用交易的优劣，设置合理、周密的风险控制制度，才能实现扬长避短。

（二）信用交易的基本种类

证券信用交易有融资与融券两种形式。融资是借钱买入证券，融券是借股票来卖出，两者都是以信用扩张来赚取更高报酬。

1. 融资是投资人以部分自有资金作担保，向证券金融公司办理融资以购买股票，等到投资人卖出证券或被强制平仓后，由其得到的金额来支付融资的利息和费用。当投资者看好后市时，才会采用融资的信用交易。

2. 融券是指投资人缴纳一定比例的保证金，向证券金融公司借入证券卖出，在未来规定的期限内，再买入相同种类证券归还证券金融公司。当投资人看跌后市时，为了规避价格下跌风险，才会采用融券交易。

证监会发布了《证券公司融资融券业务管理办法》，规定证券公司开展融资融券业务，必须经证监会批准。未经证监会批准，任何证券公司不得向客户融资、融券，也不得为客户与客户、客户与他人之间的融资融券活动提供任何便利和服务。

第二节 证券交易方式

【规则要点】

证券法规定了证券的场内市场交易方式。证券在证券交易所上市交易，应当采用公开的集中交易方式或者国务院证券监督管理机构批准的其他方式。

【理解与适用】

一、集中竞价

集中竞价，是指众多的投资者的委托订单通过各自开户的证券公司，汇集到证券交易所的交易场上，依照价格优先、时间优先的规则竞比。投资者发出买卖指令，证券公司按照时间序号向证券交易所主机输入指令，通过竞价方式撮合成交，最终确定证券的买卖价格。

根据我国上海和深圳证券交易所的交易规则，集中竞价分为电脑集合竞价和连续竞价。

（一）集合竞价

集合竞价，是指对一段时间内接受的买卖申报一次性集中撮合的竞价方式。在交易规则规定的集合竞价时间内，证券交易所只接受买卖申报而不成交。在正式开市前一瞬间，证券交易所主机将所有买卖盘价格和数量进行处理，以产生该证券的当日开盘价。

在集合竞价时，成交价格的确定原则为：

1. 成交量最大的价位；
2. 高于成交价格的买进申报与低于成交价格的卖出申报全部成交；
3. 与成交价格相同的买方或者卖方至少有一方全部成交。

两个以上价位符合上述条件的，上海证券交易所取其中间价为成交价，深圳证券交易所取距前收盘价最近的价位为成交价。集合竞价的所有申报都以统一价格成交。

（二）连续竞价

连续竞价，是指对买卖申报逐笔连续撮合的竞价方式，在集中竞价结束后，证券交易所开始当日的正式交易，证券交易所的交易系统将在当日交易时间内按照价格优先和时间优先的撮合成交原则确定每笔证券交易的具体价格。集中竞价未成交的买卖申报，自动进入连续竞价。

每一时点的证券买进申报如高于或等于证券卖出申报时，即按价格顺序撮合成交；在申报价格相同的情况下，如买卖申报有时间差异，则按时间顺序使先申报者成交。投资者的委托如未能全部成交，证券公司在委托有效期限内可继续执行，直至有效期限届满。

二、协议转让

证券法允许证券流通采用集中竞价以外，监管机构批准的其他方式，包括但不限于协议转让方式。证券法第85条规定，投资者可以采取要约收购、协议收购及其他合法方式收购上市公司的股份。

不同于集中竞价“多对多”的交易方式，协议转让以“一对一”作为基本的交易模型，交易双方进行充分协商，以真实、自由的意思表示签订协议，按照协商一致的原则确定价格，脱离了“时间优先、价格优先”的交易规则。协商交易适用证券法及合同法，合同的履行必须通过证券登记结算公司办理股份的过户。

三、裁判转让

人民法院行使司法裁判权，也可能引起证券转让：一是债务人以股权设定质押，法院裁决债务人以质押股权偿还欠款；二是债务人虽未以股权设定质押，但根据执行生效裁决或者裁定，人民法院变卖、拍卖债务人的股权，或者以股权折抵债务。

四、报价转让

报价转让可称为做市商制度，是指由取得做市商资格的证券公司给出证券的买卖价格（即报价），投资者不直接配对成交，而是向做市商按其提出的报价买进证券，或者将股票卖给做市商。做市商买进和卖出报价的差异，即成为做市商的补偿。

五、大宗交易

大宗交易，是指证券单笔买卖申报大到证券交易所规定的某一数额或者规模时，该证券买卖由证券交易所按照特殊交易方式成交。

参考上海证券交易所《关于开展大宗交易债券双边报价业务及调整大宗交易有关事项的通知》规定，在上海证券交易所市场进行的证券单笔买卖达到如下最低限额，可以采用大宗交易方式：

1. A 股单笔买卖申报数量在 30 万股（含）以上，或交易金额在 200 万元（含）人民币以上；B 股（上海）单笔买卖申报数量在 30 万股（含）以上，或交易金额在 20 万美元（含）以上。

2. 基金大宗交易的单笔买卖申报数量在 200 万份（含）以上，或交易金额在 200 万元（含）人民币以上。

3. 国债及债券回购大宗交易的单笔买卖申报数量在 10000 手（含）以上，或交易金额在 1000 万元（含）人民币以上。

4. 其他债券单笔买卖申报数量在 1000 手（含）以上，或交易金额在 100 万元（含）人民币以上。（企业债、公司债的现券和回购大宗交易单笔最低限额在原来基础上降低至：交易数量在 1000 手（含）以上，或交易金额在 100 万元（含）人民币以上。（参考《关于开展大宗交易债券双边报价业务及调整大宗交易有关事项的通知》）

5. 其他债券单笔买卖申报数量应当不低于 1000 手，或者交易金额不低于 100 万元人民币。

与其他交易方式相比，大宗交易有如下特点：

1. 交易方式不同

在典型交易模式下，无论是集合竞价还是连续竞价，都是按照“价格优先、时间优先”的原则撮合。在中国现行大宗交易采取了买卖双方场外协商定价，按照“一对一”模式成交。按照有关规定，买方和卖方根据大宗交易的意向申报信息，就大宗交易的价格和数量等要素进行议价协商。

2. 交易时间不同

在中国，大宗交易实际不占用正常交易时间。在典型交易模式下，交易时间为正常交易，即周一至周五，9：30—11：30 以及 13：00—15：30，而大宗交易时间一般是在正常交易时间以外。例如，参照《上海证券交易所交易规则（2018 年修订)》，上海证券交易所每个交易日接受大宗交易申报的时间分别为：

（1）9：30—11：30、13：00—15：30 接受意向申报；

（2）9：30—11：30、13：00—15：30、16：00—17：00 接受成交申报；

（3）15：00—15：30 接受固定价格申报。

交易日的15：00仍处于停牌状态的证券，本所当日不再接受其大宗交易的申报。每个交易日9：30—15：30时段确认的成交，于当日进行清算交收。每个交易日16：00—17：00时段确认的成交，于次一交易日进行清算交收。(参考《上海证券交易所交易规则（2018年修订)》)

3. 成交价格不同

在典型交易模式下，交易价格按照撮合成交的市场价格确定。大宗交易价格是根据证券交易所规则协商确定。根据《上海证券交易所交易规则（2018年修订)》规定，提出固定价格申报的，买卖双方可按当日竞价交易市场收盘价格或者当日全天成交量加权平均价格进行申报。有价格涨跌幅证券的成交申报价格，由买方和卖方在当日价格涨跌幅限制范围内确定。无价格涨跌幅限制证券的成交申报价格，由买卖双方在前收盘价格的上下30%或当日已成交的最高、最低价格之间自行协商确定。

4. 对交易指数的影响

典型交易模式下的证券交易记入当日指数。根据《上海证券交易所交易规则（2018年修订)》规定，大宗交易不纳入该所即时行情和指数的计算，成交量在大宗交易结束后计入该证券成交总量。上海和深圳证券交易所都通过独立交易系统提供大宗交易服务。

【法条指引】

中华人民共和国证券法（节录）

第三十九条 依法公开发行的股票、公司债券及其他证券，应当在依法设立的证券交易所上市交易或者在国务院批准的其他证券交易场所转让。

第四十条 证券在证券交易所上市交易，应当采用公开的集中交易方式或者国务院证券监督管理机构批准的其他方式。

第四十一条 证券交易当事人买卖的证券可以采用纸面形式或者国务院证券监督管理机构规定的其他形式。

第四十二条 证券交易以现货和国务院规定的其他方式进行交易。

第三节　证券交易的限制规则

【规则要点】

为维持证券交易市场的秩序，法律法规制定了对证券交易的一系列限制规则，包括交易证券的合法性要求，证券转让期限的限制性规定，关联人员的禁止性行为规则以及对投资者的保护性规定。违反证券交易的限制性规则会令交易行为无效，并应承担相应的法律责任。

【理解与适用】

一、交易证券的合法性

证券法对证券合法性进行了原则性规定：证券交易当事人依法买卖的证券，必须是依法发行并交付的证券。非依法发行的证券，不得买卖。

证券合法性包含了三方面的识别标准：

（一）依法发行

依法发行，是指符合公司法以及其他法律法规规定的发行条件，并获得证监会和国务院授权部门的核准。

若发现证券的发行不符合法定条件或者法定程序，国务院证券监督管理机构或者国务院授权的部门对已作出的核准证券发行的决定，尚未发行证券的，应当予以撤销，停止发行。已经发行尚未上市的，撤销发行核准决定，发行人应当按照发行价并加算银行同期存款利息返还证券持有人。

（二）实际交付

对于纸质化证券，发行人将纸质证券交付给投资者，为实际交付；对于非纸质化证券，发行人将证券权利记载于投资者名下，通过证券登记结算机构登记移转，即为实际交付。

（三）形式合法

证券法规定：证券交易当事人买卖的证券可以采用纸面形式或者国务院证券监督管理机构规定的其他形式。在中国，股票已经全部采用无纸化形式，债券分别采用有纸化和无纸化的形式。凡是进入交易的证券，必须采用法律允许的标准形式。

二、限定期限内禁止买卖、出售

证券法对证券转让期限作出了限制性规定。依法发行的股票、公司债券及其他证券，法律对其转让期限有限制性规定的，在限定的期限内不得买卖，具体包括：

（一）公司发起人转让股份的法定限制

根据公司法第141条第1款规定："发起人持有的本公司股份，自公司成立之日起一年内不得转让。公司公开发行股份前已发行的股份，自公司股票在证券交易所上市交易之日起一年内不得转让。"限制发起人在一定期限内转让股份，有助于将发起人与公司、其他股东利益结为一体，督促发起人认真、敬业和勤奋地履行职责。

（二）董事、监事和高级管理人员转让股份的法定限制

根据公司法规定，公司董事、监事、高级管理人员应当向公司申报所持有的本公司的股份及其变动情况，在任职期间每年转让的股份不得超过其所持有本公司股份总数的25%；所持本公司股份自公司股票上市交易之日起1年内不得转让。

上述人员离职后半年内，不得转让其所持有的本公司股份。在中国，高级管理者任职不以持有股份作为条件，但高级管理者持有本公司股份的情况比较普遍。高级管理者是公司事务的实际掌管者，公司重大事务的建议者、决定者和执行者。如果任由高级管理者在任职期间随意转让股份，难免增大高级管理者与公司利益的冲突，容易诱发内幕交易。

（三）高级管理者转让股份的章程限制

根据公司法规定，公司章程可以对公司董事、监事、高级管理人员转让其所持有的本公司股份作出其他限制性规定。

（四）股份分置改革中的禁售和限售

根据《上市公司股权分置改革管理办法》第27条规定，改革后公司原非流通股股份的出售，应当遵守下列规定：

1. 禁止出售

自改革方案实施之日起，在12个月内不得上市交易或者转让。

2. 限制出售

持有上市公司股份总数5%以上的原非流通股股东，在前项规定期满后，通过证券交易所挂牌交易出售原非流通股股份，出售数量占该公司股份总数的比例在12个月内不得超过5%，在24个月内不得超过10%。

三、禁止持有、买卖股票

（一）禁止持有的证券

现行法律禁止相关人员持有股票，但是未禁止持有公司债券以及其他证券。公司发行债券时，即事先确定了债券利率，该利率不因持有人身份和职业而受到影响，因此无须加以限制或者禁止。但鉴于发行可转换公司债券应当同时符合股票发行条件，因此相关人员应当不得持有可转换公司债券。

（二）禁止持股人的范围

禁止持股人员主要包括：

1. 证券服务中介机构的从业人员，包括证券交易所、证券公司和证券登记结算机构的从业人员；

2. 证券监管机构的工作人员，包括证监会人员和证券业协会的人员；

3. 法律规定的禁止持股的其他人员。

（三）禁止的形式

1. 禁止直接持股

义务人不得以自己的名义直接持有和买卖股票。义务人购买、受赠、继承股票，都属于禁止之列。

2. 禁止间接持股

间接持有和买卖股票的情况比较复杂，既有配偶或者其他家庭成员以共同财产购买或持有股票，也有义务人以化名或者借用他人名义持有或买卖证券的情况。

3. 禁止合理持股状况的非法延续

相关人员在任职前合法获得股票的，应当在任职时依法转让所持股票以避免“合理持股状况”的延续和滥用。

四、限制证券服务机构和人员买卖股票

证券服务机构及其人员与发行人及股票发行存在密切关系，可能掌握公

众投资者难以了解的信息。如果任由证券服务机构及其人员买卖股票，难以平衡与公众投资者之间的利益关系。专业服务机构主要包括律师事务所、投资咨询机构、财务顾问机构、资信评级机构、资产评估机构、会计师事务所。为了尽力排斥知情人利用内幕信息买卖股票，凡是参与股票发行及准备活动的专业机构，无论是否具有专业资格，均应受到法律有关买卖股票的约束。

（一）股票发行机构及人员的买卖限制

根据证券法第 45 条第 1 款规定：“为股票发行出具审计报告、资产评估报告或者法律意见书等文件的证券服务机构和人员，在该股票承销期内和期满后六个月内，不得买卖该种股票。”

（二）上市公司服务机构及人员的买卖限制

除上述规定外，为上市公司出具审计报告、资产评估报告或者法律意见书等文件的证券服务机构和人员，自接受上市公司委托之日起至上述文件公开后 5 日内，不得买卖该种股票。

（三）投资咨询机构及其从业人员的买卖禁止

根据证券法第 171 条规定，投资咨询机构及其从业人员从事证券服务业务不得买卖本咨询机构提供服务的上市公司股票。

五、保守客户账户秘密

在中国，客户账户分为证券账户和资金账户。证券账户开立于证券登记结算机构，主要记录投资者持有证券的余额及其变动情况；资金账户开立于证券公司，主要记录投资者的资金余额及其变动情况。根据证券法第 44 条规定：“证券交易所、证券公司、证券登记结算机构必须依法为客户开立的账户保密。”

证券交易所不接受客户直接开户申请，却是证券交易服务的提供者，掌握了客户的账户及变动情况。按照中国当前的登记结算体制，投资者应当委托证券公司托管其持有的证券，证券公司应当将其自有证券和所托管的客户证券交由证券登记结算机构存管。证券登记结算机构按照与交易所达成的协议提供相关服务的同时必须承担相应的保密义务，保护投资者的合法利益不受侵害。

六、合理收费规则

证券交易收费，是指有权的收费机构按照法律、行政法规以及有权机构依法制定的收费规则，在证券交易过程中向证券交易参与者收取服务性费用。证券交易的收费项目、收费标准和管理办法由国务院有关主管部门统一规定，证券交易的收费必须合理合法，并公开收费项目、收费标准和收费办法。其中，投资者支付的费用主要包括：

1. 委托费，主要用于支付通信等方面的开支。

2. 佣金，是投资者在委托买卖成交后所须支付给券商的费用，一般按照成交金额的百分比计算。

3. 印花税，是投资者在买卖成交后支付给财税部门的税收。印花税税款由证券公司代扣后，由证券交易所统一代缴。债券和基金交易均免收印花税。

4. 过户费，是指股票成交后，更换户名所须支付的费用。

5. 转托管费，是指办理深圳股票、基金转托管业务时所支付的费用。

七、证券公司经纪业务的行为禁止

（一）禁止全权委托

买卖证券应当由投资者自己作出判断，并由投资者自己承担风险。证券法第 143 条规定：“证券公司办理经纪业务，不得接受客户的全权委托而决定证券买卖、选择证券种类、决定买卖数量或者买卖价格。”

（二）禁止利益承诺

证券公司从事经纪业务、获取佣金利益并根据经纪业务规模收取佣金，这容易诱使证券公司对投资者的盈亏作出承诺，鼓励投资者从事不必要交易，以此提高交易规模。证券法第 144 条规定：“证券公司不得以任何方式对客户证券买卖的收益或者赔偿证券买卖的损失作出承诺。”证券公司作出利益承诺的，违反了证券法的强制性规定，应当按照无效合同处理；同时也构成不正当竞争行为，应当承担相应的法律责任。

（三）禁止私下委托

证券法第 145 条规定：“证券公司及其从业人员不得未经过其依法设立的营业场所私下接受客户委托买卖证券。”

（四）禁止挪用客户交易结算资金

客户交易结算资金是投资者为了从事证券买卖而交存于证券公司、用于办理结算的资金。证券法第 139 条第 2 款规定，证券公司不得将客户的交易结算资金和证券归入其自有财产；禁止任何单位或者个人以任何形式挪用客户的交易结算资金和证券。

（五）不得提供关联担保和融资

证券法规定，证券公司不得为其股东或者股东的关联人提供融资或者担保。

【法条指引】

中华人民共和国公司法（节录）

第一百四十一条 发起人持有的本公司股份，自公司成立之日起一年内不得转让。公司公开发行股份前已发行的股份，自公司股票在证券交易所上市交易之日起一年内不得转让。

公司董事、监事、高级管理人员应当向公司申报所持有的本公司的股份及其变动情况，在任职期间每年转让的股份不得超过其所持有本公司股份总数的百分之二十五；所持本公司股份自公司股票上市交易之日起一年内不得转让。上述人员离职后半年内，不得转让其所持有的本公司股份。公司章程可以对公司董事、监事、高级管理人员转让其所持有的本公司股份作出其他限制性规定。

中华人民共和国证券法（节录）

第四十三条 证券交易所、证券公司和证券登记结算机构的从业人员、证券监督管理机构的工作人员以及法律、行政法规禁止参与股票交易的其他人员，在任期或者法定限期内，不得直接或者以化名、借他人名义持有、买卖股票，也不得收受他人赠送的股票。

任何人在成为前款所列人员时，其原已持有的股票，必须依法转让。

第四十五条 为股票发行出具审计报告、资产评估报告或者法律意见书等文件的证券服务机构和人员，在该股票承销期内和期满后六个月内，不得买卖该种股票。

除前款规定外，为上市公司出具审计报告、资产评估报告或者法律意见书等文件的证券服务机构和人员，自接受上市公司委托之日起至上述文件公开后五日内，不得买卖该种股票。

第一百三十九条第二款 证券公司不得将客户的交易结算资金和证券

归入其自有财产。禁止任何单位或者个人以任何形式挪用客户的交易结算资金和证券。证券公司破产或者清算时，客户的交易结算资金和证券不属于其破产财产或者清算财产。非因客户本身的债务或者法律规定的其他情形，不得查封、冻结、扣划或者强制执行客户的交易结算资金和证券。

第一百四十三条 证券公司办理经纪业务，不得接受客户的全权委托而决定证券买卖、选择证券种类、决定买卖数量或者买卖价格。

第一百四十四条 证券公司不得以任何方式对客户证券买卖的收益或者赔偿证券买卖的损失作出承诺。

第一百四十五条 证券公司及其从业人员不得未经过其依法设立的营业场所私下接受客户委托买卖证券。

第一百七十一条 投资咨询机构及其从业人员从事证券服务业务不得有下列行为：

……

（三）买卖本咨询机构提供服务的上市公司股票；

……

第四节　短线交易与归入权

【规则要点】

短线交易是上市公司的董事、监事、高级管理人员以及主要股东，在法定期间内，买入本公司股票并再行卖出或者卖出本公司股票后再行买入的行为。短线交易会损害公司利益，法律授予公司归入权作为救济。归入权是指公司最终取得短线交易者所得利益，由董事会收回的权利。

【理解与适用】

一、短线交易的条件构成

（一）主体条件

证券法规定的短线交易主体包括上市公司董事、监事、高级管理人员、持有上市公司股份5%以上的股东。在司法实践中，以上人员的认定主要依靠股东名册和证券登记结算公司的登记文件。按照公司法第21条第1款规定："公司的控股股东、实际控制人、董事、监事、高级管理人员不得利用其关联关系损害公司利益。"

但是因包销购入售后剩余股票而持有5%以上股份的证券公司是证券法规定的例外。这是因为证券公司取得承销股票目的不是持有股票或者充当公司股东，而是基于证券包销协议产生的义务，与短线交易主体的谋利或者减损目的有所不同。

（二）行为条件

短线交易必须有一组买进和卖出行为，且两个交易行为必须方向相反，可以是"先买入、再卖出"，也可以是"先卖出、再买入"。如果交易主体实施两次相同方向的股票交易，无论是持续买入还是持续卖出，均不构成短线交易。

（三）客体条件

短线交易进行的买进和卖出行为，应当针对同一证券。

（四）期间条件

"短线"是指期限短暂。证券法规定了6个月的法定期限，在该法定期限内，交易主体从事证券交易即可被认定为短线交易。

（五）行为态度

在认定短线交易时，应采取客观标准。无论行为主体是否具有主观故意或者过失，只要在法定期限内，交易主体就同一股票发生方向相反的两个交易都构成短线交易。在理论上无须判断行为主体是否具有营利意图，无须考虑行为主体是否实际取得盈利。但如果交易主体所得利益为消极利益，通常不适用短线交易规则。

二、归入权及行使

（一）归入权的性质

归入权是公司依法享有的、将短线交易主体所得利益收归公司所有的权利。公司有权要求短线交易之行为主体向公司给付短线交易所得利益，短线交易主体有义务将交易所得利益给付公司。

（二）归入权的行使

1. 归入权的行使主体

公司是归入权的权利主体，在原则上，应当由公司行使归入权。我国证券法第 47 条规定，公司董事会应当收回其所得利益。短线交易主体是归入权的义务主体，即上市公司董事、监事、高级管理人员、持有上市公司股份 5% 以上的股东。董事会行使归入权所得的利益，应当视为公司利益，应当进入公司账户。

2. 归入权的实现程序

归入权的实现方式有三种：主动履行、公司诉讼和股东派生诉讼。主动履行是指短线交易主体将所得利益主动交付公司；公司诉讼是指公司以自己的名义向短线交易主体提起诉讼；股东派生诉讼是指在符合法律规定的条件下，由股东代表公司要求短线交易主体将所得利益交付公司的特别诉讼。

短线交易主体是归入权的义务主体，即上市公司董事、监事、高级管理人员、持有上市公司股份 5% 以上的股东，但他们往往是公司事务的实际控制者，为了实现自身利益最大化，可能采取放弃诉讼或者减少索赔金额等方式损害公司利益。因此，证券法第 47 条规定公司董事会未在上述期限内执行的，股东有权为了公司的利益以自己的名义直接向人民法院提起诉讼。根据公司法第 151 条、第 152 条的规定，董事、高级管理人员违反法律、行政法规或者公司章程的规定，损害股东利益的，或者他人侵犯公司合法权益，给公司造成损失的，公司董事或监事怠于行使权利的，股东可以向人民法院提起诉讼。

3. 董事会成员的连带责任

短线交易所得利益归属于公司，放弃该所得利益即为公司遭受损失。公司董事自应履行忠实和勤勉义务，积极行使归入权。如果因公司董事会怠于履行职责致使公司遭受损失，有过错的董事自应承担相应的责任。

【相关案例】

短线交易案

甲为乙上市公司的董事，并持有乙公司股票 10 万股，2013 年 3 月 1 日和 3 月 8 日，甲以每股 25 元人民币的价格先后卖出其持有的乙公司股票 2 万股和 3 万股。2013 年 9 月 3 日，甲以每股 15 元人民币的价格买入乙公司股票 5 万股。根据证券法律制度的规定，甲通过上述交易所获利益中，（1）3 月 1 日、9 月 3 日买入的 2 万股不构成短线交易；(2) 3月8日卖出、9月3日买入的3万股构成短线交易，应当收归公司所有的金额为3万股×（25元－15元）＝30万元。

【法条指引】

中华人民共和国证券法（节录）

第四十七条 上市公司董事、监事、高级管理人员、持有上市公司股份百分之五以上的股东，将其持有的该公司的股票在买入后六个月内卖出，或者在卖出后六个月内又买入，由此所得收益归该公司所有，公司董事会应当收回其所得收益。但是，证券公司因包销购入售后剩余股票而持有百分之五以上股份的，卖出该股票不受六个月时间限制。

公司董事会不按照前款规定执行的，股东有权要求董事会在三十日内执行。公司董事会未在上述期限内执行的，股东有权为了公司的利益以自己的名义直接向人民法院提起诉讼。

公司董事会不按照第一款的规定执行的，负有责任的董事依法承担连带责任。

第五章

证券上市制度

第一节　证券上市的类型

【规则要点】

证券上市是经过证券交易所的审核，证券获准在证券交易所挂牌交易的过程。证券一旦获准上市，即为上市证券，发行人称为上市公司。在中国，证券上市主要是指证券在证券交易所挂牌上市。

上市的申请被证券交易所审核通过后，双方应当签订上市协议。证券上市协议是特殊的民事合同关系。证券交易所向发行人提供证券转让所需的各种条件，发行人不仅要遵守上市协议约定的条款和义务，还要遵守证券交易所制定并不时修改的各项规则。

【理解与适用】

一、证券交易所上市与场外市场挂牌

按照上市场所是否在证券交易所，可将证券上市分为证券交易所上市与场外市场挂牌。证券法第 39 条规定："依法公开发行的股票、公司债券及其他证券，应当在依法设立的证券交易所上市交易或者在国务院批准的其他证券交易场所转让。"

依照规定，在中国上海和深圳证券交易所上市交易的证券即为证券交易所上市；获准在其他证券交易场所挂牌的，即为场外市场挂牌。场外交易市场也称柜台市场，在场外市场的上市条件低于证券交易所，其审核条件也更加宽松，发行人承担的信息披露义务也相对较少，承担的费用更低。

二、授权上市与安排上市

证券法第48条第1款、第2款分别规定了授权上市和安排上市。

（一）授权上市

授权上市也称核准上市，指证券交易所根据发行人申请，严格依照法定程序对证券上市的申请进行资格审查。授权上市的申请人主要是股份有限公司，申请上市的证券主要是公司证券，如股票和公司债券。对于不符合法律或者证券交易所规定条件的申请，证券交易所有权拒绝或者在证券上市后终止其继续上市交易。

（二）安排上市

安排上市是指证券交易所根据监管机构要求，必须接受某些证券在证券交易所上市，主要适用于政府证券。证券交易所不得对政府证券进行上市审查，也无权拒绝或者终止其上市。

三、普通发行上市与首次发行上市

（一）普通发行上市

普通发行上市，是指在证券发行完成后，发行人另择日期申请上市。在发行人选择普通上市时，证券招募文件只说明证券将在未来上市的可能，但没有确定上市的时间日期。证券发行成功后，发行人股东大会或者董事会另定证券上市的事宜。

（二）首次发行上市

首次发行上市，是指发行人在公开发行证券时，就已确定近期上市计划，并于发行成功后的合理时间内申请证券上市交易。在首次发行上市中，证券发行也是证券上市的前提。

首次发行上市是我国证券上市的主要类型。随着更多发行人采取私募方式募集资金，证券发行与上市的分离体制正逐渐普及。通常情况下，发行人的招募文件就首次发行上市作出安排和预期，这将引起投资者的兴趣，提高证券的发行效率。如果证券发行成功后拖延上市，发行人情况及营业环境等可能发生较大变化，进而实质地改变了发行人的上市条件，影响投资者的合理预期。

四、直接上市与间接上市

（一）直接上市

直接上市，是指公司以自己的名义直接提出申请并获准在证券交易所上市。以上市地为标准，分为境内直接上市和境外直接上市。境内直接上市是指境内公司以自己的名义申请在上海或者深圳证券交易所挂牌交易其股票；境外直接上市是指以自己的名义向境外证券监管机构申请并获准在境外证券交易所上市。在中国，A 股和 B 股是境内直接上市公司的股票；H 股、N 股、S 股是国内公司在中国香港、纽约、新加坡直接上市的股票。

（二）间接上市

间接上市，是指国内企业先在境外注册公司，再以境外公司的名义直接在海外发行股票，募得资金用于收购国内公司控制的资产或者股权，然后再由境外公司以自己的名义在境外证券交易所上市。证券法第 238 条对间接上市进行了重点管制，境内企业直接或者间接到境外发行证券或者将其证券在境外上市交易，必须经国务院证券监督管理机构依照国务院的规定批准。

【法条指引】

中华人民共和国证券法（节录）

第三十九条 依法公开发行的股票、公司债券及其他证券，应当在依法设立的证券交易所上市交易或者在国务院批准的其他证券交易场所转让。

第四十八条 申请证券上市交易，应当向证券交易所提出申请，由证券交易所依法审核同意，并由双方签订上市协议。

证券交易所根据国务院授权的部门的决定安排政府债券上市交易。

第二节 证券上市的条件

【规则要点】

理论上，证券上市条件是证券交易所和上市申请人协商达成的合同条件。为了更好地保护公众投资者的利益，证券法明确规定了证券上市的法定条件。同时，证券法规定证券交易所可以规定高于法定的上市条件，并报国务院证券监督管理机构批准。

【理解与适用】

一、股票上市条件

证券法第 50 条规定，股份有限公司申请股票上市，应当符合下列条件：

1. 股票经国务院证券监督管理机构核准已公开发行；

2. 公司股本总额不少于人民币 3000 万元；

3. 公开发行的股份达到公司股份总数的 25% 以上；公司股本总额超过人民币 4 亿元的，公开发行股份的比例为 10% 以上；

4. 公司最近 3 年无重大违法行为，财务会计报告无虚假记载。

证券交易所可以规定高于前款规定的上市条件，并报国务院证券监督管理机构批准。

二、公司债券上市条件

证券法第 57 条规定，公司申请公司债券上市交易，应当符合下列条件：

1. 期限：公司债券的期限为 1 年以上；

2. 数额：公司债券实际发行额不少于人民币 5000 万元；

3. 实质要件：公司申请债券上市时仍符合法定的公司债券发行条件。

【法条指引】

中华人民共和国证券法（节录）

第五十五条 上市公司有下列情形之一的，由证券交易所决定暂停其股票上市交易：

（一）公司股本总额、股权分布等发生变化不再具备上市条件；

（二）公司不按照规定公开其财务状况，或者对财务会计报告作虚假记载，可能误导投资者；

（三）公司有重大违法行为；

（四）公司最近三年连续亏损；

（五）证券交易所上市规则规定的其他情形。

第五十六条 上市公司有下列情形之一的，由证券交易所决定终止其股票上市交易：

（一）公司股本总额、股权分布等发生变化不再具备上市条件，在证券交易所规定的期限内仍不能达到上市条件；

（二）公司不按照规定公开其财务状况，或者对财务会计报告作虚假记载，且拒绝纠正；

（三）公司最近三年连续亏损，在其后一个年度内未能恢复盈利；

（四）公司解散或者被宣告破产；

（五）证券交易所上市规则规定的其他情形。

第六十条 公司债券上市交易后，公司有下列情形之一的，由证券交易所决定暂停其公司债券上市交易：

（一）公司有重大违法行为；

（二）公司情况发生重大变化不符合公司债券上市条件；

（三）发行公司债券所募集的资金不按照核准的用途使用；

（四）未按照公司债券募集办法履行义务；

（五）公司最近二年连续亏损。

第六十一条 公司有前条第（一）项、第（四）项所列情形之一经查实后果严重的，或者有前条第（二）项、第（三）项、第（五）项所列情形之一，在限期内未能消除的，由证券交易所决定终止其公司债券上市交易。

公司解散或者被宣告破产的，由证券交易所终止其公司债券上市交易。

第三节　证券上市程序

【规则要点】

证券上市交易，应当向证券交易所提出申请，由证券交易所依法审核同意，并由双方签订上市协议。证监会只承担监管职责，而证券交易所承担证券的上市审核职权和暂停、终止上市的决定权，有权制定高于法定上市标准的更严格标准。

【理解与适用】

一、证券上市的审核机构

证券上市是发行人和证券交易所的民事行为。证券法确定了证券交易所是唯一的证券上市审核机构，突出了证券上市的民事法律关系。证券交易所是场内交易的组织者，有权自主决定接纳上市的证券与发行人类型，有权制定高于法定上市标准的更严格标准。

证券上市需要经过申请、保荐、审核、上市协议签订、公告等法定程序。

二、证券上市申请和保荐

（一）股票上市申请

根据证券法规定，申请股票上市交易，应当向证券交易所报送下列文件：

1. 上市报告书；
2. 申请股票上市的股东大会决议；
3. 公司章程；

4. 公司营业执照；

5. 依法经会计师事务所审计的公司最近3年的财务会计报告；

6. 法律意见书和上市保荐书；

7. 最近一次的招股说明书；

8. 证券交易所上市规则规定的其他文件。

（二）公司债券上市申请

根据证券法规定，申请公司债券上市交易，应当向证券交易所报送下列文件：

1. 上市报告书；

2. 申请公司债券上市的董事会决议；

3. 公司章程；

4. 公司营业执照；

5. 公司债券募集办法；

6. 公司债券的实际发行数额；

7. 证券交易所上市规则规定的其他文件。

在上述文件中，债券募集办法是发行公开文件中的重要文件，会载明公司债券的期限和实际发行额。债券募集办法和上市报告书的内容相互补充，作为证明申请人满足公司申请债券上市条件的证据。

（三）上市保荐书

申请可转换为股票的公司债券上市交易，还应当报送保荐人出具的上市保荐书。证券法第49条第1款规定："申请股票、可转换为股票的公司债券或者法律、行政法规规定实行保荐制度的其他证券上市交易，应当聘请具有保荐资格的机构担任保荐人。"申请普通公司债券上市的不需要提供上市保荐书。

保荐分为发行保荐和上市保荐。发行保荐是基础，上市保荐与之配套，是整个保荐制度中的一个环节。发行人可以在发行和上市阶段分别聘请，但是实践中为了提高效率，发行保荐人通常兼任上市保荐人。

三、证券交易所的审核同意

上市审核是证券交易所依照法律以及上市规则对于申请人的上市资格和条件进行的审查。在通常情况下，证券交易所在内部设立上市审核委员会，负责具体审核工作；上市审核委员会审核合格后，再由证券交易所作出统一上市的决定。

（一）上市审核委员会的审核

上市审核委员会是证券交易所内部设立的，专门负责审核证券上市申请的工作机构，按照“少数服从多数”的原则审核每宗上市申请。审核过程中，主要考虑以下因素：

1. 上市条件

包括法律法规以及证券交易所制定的上市条件。

2. 产业政策

证券法规定，国家鼓励符合产业政策并符合上市条件的公司股票上市交易。

3. 审核期限

证券交易所应当制定并公示合理的审核期限，在合理期限内完成审核，保证申请人的上市预期不落空，维持投资者的投资热情。

（二）证券交易所的同意

完成审核程序后，证券交易所应当将审核结果通知申请人。对准予上市的申请，应尽快签订上市协议；需要补足文件资料的，应及时书面通知申请人；对不同意上市的申请，应当尽快通知申请人。根据证券法第62条规定，申请人对证券交易所作出的不予上市、暂停上市、终止上市决定不服的，可以向证券交易所设立的复核机构申请复核。

四、上市协议的签订

上市申请人收到证券交易所发出的证券上市通知后应当与证券交易所正式签订上市协议。上市协议是上市申请人与证券交易所签订的，用以明确彼此权利义务关系的民事协议。

上市协议的主要条款包括：

1. 上市公司的名称及法定代表人；

2. 上市费用的项目、数额及其缴纳方式；

3. 双方的权利与义务；

4. 上市公司证券事务负责人；

5. 上市公司定期报告、临时报告的报告程序及上市公司回复证券交易所质询的规定；

6. 证券停牌与复牌事宜；

7. 违约责任；

8. 仲裁条款；

9. 上市公司章程的内容及其他制定与修订程序符合法律法规和中国证监会的有关规定；

10. 证券交易所认为应当规定的其他内容。

五、上市公告

申请人收到证券交易所上市通知书并签订上市协议后，应当安排上市公告书以及其他文件的公告。上市公告是上市申请人向社会公众发布的、告知证券获准上市交易的各种行为，是证券上市交易的重要前置程序。

根据证券法第 53 条、第 59 条规定，股票、债券上市交易申请经证券交易所审核同意后，签订上市协议的公司应当在规定的期限内公告股票、债券上市的有关文件，并将该文件置备于指定场所供公众查阅。

（一）披露规则

上市公司及其他信息披露义务人有依法披露信息义务。根据《上市公司信息披露管理办法》规定，上市公司的信息披露文件主要包括招股说明书、募集说明书、上市公告书、定期报告和临时报告等。

信息披露应做到以下几点：

一是报送。根据规定，信息披露义务人应当将公告文稿和相关备查文件报送证券交易所登记，报送上市公司注册地证监局。

二是公告。信息披露义务人应在中国证监会指定的媒体发布。

三是备查。信息披露义务人应当将信息披露公告文稿和相关备查文件报置备于公司住所供社会公众查阅。

（二）上市公告书

证监会发布的《上市公司信息披露管理办法》中第 15 条规定："申请证券上市交易，应当按照证券交易所的规定编制上市公告书，并经证券交易所审核同意后公告。发行人的董事、监事、高级管理人员，应当对上市公告书签署书面确认意见，保证所披露的信息真实、准确、完整。上市公告书应当加盖发行人公章。"

（三）其他公告事项

根据证券法第54条规定，签订上市协议的公司除公告53条规定的文件外，还应当公告下列事项：

1. 股票获准在证券交易所交易的日期；

2. 持有公司股份最多的前10名股东的名单和持股数额；

3. 公司的实际控制人；

4. 董事、监事、高级管理人员的姓名及其持有本公司股票和债券的情况。

证券获准上市后，即可在证券交易所指定的日期上市交易。挂牌交易是完成证券上市程序的最终标志。

六、全国中小企业股份转让系统的挂牌上市

全国中小股份转让系统是特殊的场内市场，为非上市股份有限公司公开转让股票提供交易场所。

（一）转让系统的主要参与者

根据中国证监会发布的《非上市公众公司监督管理办法》规定，非上市公众公司是指有下列情形之一且其股票未在证券交易所上市交易的股份有限公司：

1. 股票向特定对象发行或者转让导致股东累计超过200人；

2. 股票公开转让。

通过全国中小企业股份转让系统进行证券交易的非上市公司，其股票应当在中国证券登记结算公司集中登记存管。

（二）股票公开转让的申请

首先，在公司内部，董事会应当依法就股票公开转让的具体方案作出决议，并提请股东大会经出席会议的股东所持表决权的2/3以上批准通过。

董事会和股东大会决议中还应当包括以下内容：

1. 按照中国证监会的相关规定修改公司章程；

2. 按照法律、行政法规和公司章程的规定建立健全公司治理机制；

3. 履行信息披露义务，按照相关规定披露公开转让说明书、年度报告、半年度报告及其他信息披露内容。

非上市公众公司申请其股票公开转让的，该办法根据人数规模的不同

作出了不同的处理：

1. 向特定对象转让导致股东累计超过 200 人的股份有限公司

此类主体应当自上述行为发生之日起 3 个月内，按照中国证监会有关规定制作申请文件，申请文件应当包括但不限于：定向转让说明书、律师事务所出具的法律意见书、会计师事务所出具的审计报告。股份有限公司持申请文件向中国证监会申请核准。在提交申请文件前，股份有限公司应当将相关情况通知所有股东。在 3 个月内股东人数降至 200 人以内的，可以不提出申请。

2. 股东人数超过 200 人的公司

该类主体申请其股票公开转让，应当按照中国证监会有关规定制作公开转让的申请文件，申请文件应当包括但不限于：公开转让说明书、律师事务所出具的法律意见书、具有证券期货相关业务资格的会计师事务所出具的审计报告、证券公司出具的推荐文件。公司持申请文件向中国证监会申请核准。

公开转让说明书应当在公开转让前披露。

3. 股东人数未超过 200 人的公司

这类公司申请其股票公开转让，中国证监会豁免核准，由全国中小企业股份转让系统进行审查。但是根据有关规定，该种情况下应当符合有关定向发行的规定。

（三）定向发行的申请

根据《非上市公众公司监督管理办法》第 39 条第 1 款规定，定向发行包括向特定对象发行股票导致股东累计超过 200 人，以及股东人数超过 200 人的公众公司向特定对象发行股票两种情形。

此处所称特定对象的范围包括下列机构或者自然人：（1）公司股东；（2）公司的董事、监事、高级管理人员、核心员工；（3）符合投资者适当性管理规定的自然人投资者、法人投资者及其他经济组织。其中，符合第（2）项、第（3）项规定的投资者合计不得超过 35 名。

申请定向发行的条件包括：

1. 董事会和股东大会决议

公司董事会应当依法就本次股票发行的具体方案作出决议，并提请股东大会经出席会议的股东所持表决权的 2/3 以上批准通过。

申请向特定对象发行股票导致股东累计超过 200 人的股份有限公司，董事会和股东大会决议中还应当包括以下内容：

（1）按照中国证监会的相关规定修改公司章程；

（2）按照法律、行政法规和公司章程的规定建立健全公司治理机制；

（3）履行信息披露义务，按照相关规定披露定向发行说明书、发行情况报告书、年度报告、半年度报告及其他信息披露内容。

2. 申请文件

公司应当按照中国证监会有关规定制作定向发行的申请文件，包括但不限于：定向发行说明书、律师事务所出具的法律意见书、具有证券期货相关业务资格的会计师事务所出具的审计报告、证券公司出具的推荐文件。公司持申请文件向中国证监会申请核准。

3. 发行时间与方式

公司申请定向发行股票，可申请一次核准，分期发行。自中国证监会予以核准之日起，公司应当在 3 个月内首期发行，剩余数量应当在 12 个月内发行完毕。超过核准文件限定的有效期未发行的，须重新经中国证监会核准后方可发行。首期发行数量应当不少于总发行数量的 50%，剩余各期发行的数量由公司自行确定，每期发行后 5 个工作日内将发行情况报中国证监会备案。

4. 信息披露义务

《非上市公众公司监督管理办法》第三章专门规定了公众公司的信息披露义务：公司及其他信息披露义务人应当按照法律、行政法规和中国证监会的规定，真实、准确、完整、及时地披露信息，不得有虚假记载、误导性陈述或者重大遗漏；公司的董事、监事、高级管理人员应当忠实、勤勉地履行职责，保证公司披露信息的真实、准确、完整、及时。

《非上市公众公司监督管理办法》的规定与证券法大致相同，同样包括了公司的定期报告与重大信息临时披露义务，也要求公司在中国证监会制定的信息披露平台公布信息，将相关文件放置于指定地点供公众查阅。

七、期货市场的上市交易

（一）期货交易概述

中国的期货交易主要在依法设立的期货交易所内进行，交易行为由

《期货交易管理条例》规范。

期货交易，是指采用公开的集中交易方式或者国务院期货监督管理机构批准的其他方式进行的以期货合约或者期权合约为交易标的的交易活动。

期货合约，是指期货交易场所统一制定的、规定在将来某一特定的时间和地点交割一定数量标的物的标准化合约。期货合约包括商品期货合约和金融期货合约及其他期货合约。

期权合约，是指期货交易场所统一制定的、规定买方有权在将来某一时间以特定价格买入或者卖出约定标的物（包括期货合约）的标准化合约。

（二）期货交易市场参与者

在期货交易所进行期货交易的，应当是期货交易所会员。符合规定条件的境外机构，可以在期货交易所从事特定品种的期货交易。具体办法由国务院期货监督管理机构制定。

类似证券公司，期货公司从事经纪业务，接受客户委托，以自己的名义为客户进行期货交易，交易结果由客户承担。进行期货交易之前，期货公司应当事先向客户出示风险说明书，经客户签字确认后，与客户签订书面合同，不得未经客户委托或者不按照客户委托内容，擅自进行期货交易。期货公司不得向客户作获利保证；不得在经纪业务中与客户约定分享利益或者共担风险。

（三）期货交易规则

期货交易应当严格执行保证金制度。期货交易所严格按照国务院期货监督管理机构、期货交易所规定的标准向会员、期货公司、客户收取保证金，并应当与其自有资金分开，专户存放。

期货交易的收费项目、收费标准和管理办法由国务院有关主管部门统一制定并公布。期货交易所向会员收取的保证金，属于会员所有；期货公司向客户收取的保证金，属于客户所有。除法律另有规定的特殊情形，不得挪作他用。

期货交易的结算，由期货交易所统一组织进行。期货公司根据期货交易所的结算结果对客户进行结算，并应当将结算结果按照与客户约定的方式及时通知客户。

期货交易的交割，由期货交易所统一组织进行。交割仓库由期货交易所指定。期货交易所不得限制实物交割总量，并应当与交割仓库签订协议，明确双方的权利和义务。

【法条指引】

中华人民共和国证券法（节录）

第四十八条 申请证券上市交易，应当向证券交易所提出申请，由证券交易所依法审核同意，并由双方签订上市协议。

证券交易所根据国务院授权的部门的决定安排政府债券上市交易。

第四十九条 申请股票、可转换为股票的公司债券或者法律、行政法规规定实行保荐制度的其他证券上市交易，应当聘请具有保荐资格的机构担任保荐人。

本法第十一条第二款、第三款的规定适用于上市保荐人。

第五十一条 国家鼓励符合产业政策并符合上市条件的公司股票上市交易。

第五十三条 股票上市交易申请经证券交易所审核同意后，签订上市协议的公司应当在规定的期限内公告股票上市的有关文件，并将该文件置备于指定场所供公众查阅。

第五十四条 签订上市协议的公司除公告前条规定的文件外，还应当公告下列事项：

（一）股票获准在证券交易所交易的日期；

（二）持有公司股份最多的前十名股东的名单和持股数额；

（三）公司的实际控制人；

（四）董事、监事、高级管理人员的姓名及其持有本公司股票和债券的情况。

第五十九条 公司债券上市交易申请经证券交易所审核同意后，签订上市协议的公司应当在规定的期限内公告公司债券上市文件及有关文件，并将其申请文件置备于指定场所供公众查阅。

期货交易管理条例（节录）

第二十三条 在期货交易所进行期货交易的，应当是期货交易所会员。

符合规定条件的境外机构，可以在期货交易所从事特定品种的期货交易。具体办法由国务院期货监督管理机构制定。

第二十六条 客户可以通过书面、电话、互联网或者国务院期货监督管理机构规定的其他方式，向期货公司下达交易指令。客户的交易指令应当明确、全面。

期货公司不得隐瞒重要事项或者使用其他不正当手段诱骗客户发出交易指令。

第二十九条 期货公司应当为每一个客户单独开立专门账户、设置交易编码，不得混码交易。

第三十条 期货公司经营期货经纪业务又同时经营其他期货业务的，应当严格执行业务分离和资金分离制度，不得混合操作。

第三十二条 期货交易的收费项目、收费标准和管理办法由国务院有关主管部门统一制定并公布。

第三十三条 期货交易的结算，由期货交易所统一组织进行。

期货交易所实行当日无负债结算制度。期货交易所应当在当日及时将结算结果通知会员。

期货公司根据期货交易所的结算结果对客户进行结算，并应当将结算结果按照与客户约定的方式及时通知客户。客户应当及时查询并妥善处理自己的交易持仓。

第三十五条 期货交易的交割，由期货交易所统一组织进行。

交割仓库由期货交易所指定。期货交易所不得限制实物交割总量，并应当与交割仓库签订协议，明确双方的权利和义务。交割仓库不得有下列行为：

（一）出具虚假仓单；

（二）违反期货交易所业务规则，限制交割商品的入库、出库；

（三）泄露与期货交易有关的商业秘密；

（四）违反国家有关规定参与期货交易；

（五）国务院期货监督管理机构规定的其他行为。

第三十九条 任何单位或者个人不得编造、传播有关期货交易的虚假信息，不得恶意串通、联手买卖或者以其他方式操纵期货交易价格。

第四十二条　境外期货项下购汇、结汇以及外汇收支，应当符合国家外汇管理有关规定。

境内单位或者个人从事境外期货交易的办法，由国务院期货监督管理机构会同国务院商务主管部门、国有资产监督管理机构、银行业监督管理机构、外汇管理部门等有关部门制订，报国务院批准后施行。

第四节　上市证券的委托交易程序

【规则要点】

投资者必须通过具有经纪资格的证券公司，才能从事证券交易，投资者不能进入证券交易所直接交易。投资者委托证券公司买卖证券的程序，主要分为开户、委托、成交、清算、交割和过户等步骤。

【理解与适用】

一、开立账户

投资者参与交易首先应当与证券公司签订证券交易委托协议，并在证券公司开立证券交易账户，以书面、电话以及其他方式，委托该证券公司代其买卖证券。开立账户是投资者在相关机构分别开设证券账户和资金账户，是从事证券买卖的前提。

（一）开立证券账户

证券账户是专门用来保管投资者证券的账户，是为投资者开出的、记载其证券持有及变更的权利凭证。持有证券的投资者必须将所持证券存入证券账户，才能通过证券交易所的交易系统实现证券的出售；买入证券的投资者，必须将买入的证券存入该证券账户。

投资者委托证券公司进行证券交易，应当依照证券法第 166 条的要求申请开立证券账户。为了方便投资者开户，证券登记结算公司可以委托证券公司受理开户申请。同时该条确立了开立证券账户的实名制，证券登记结算机构应当按照规定以投资者本人的名义为投资者开立证券账户。

根据《中国证券登记结算有限责任公司证券账户管理规则》中“一市一户、一人一户”的要求，一个自然人、法人可以开立不同类别和用途的证券账户，但是对于同一类别和用途的证券账户，一个自然人、法人只能开立一个，国家法律、法规和行政规章另有规定的除外。

（二）开立资金账户

完成证券账户开立后，投资者应当选择在一家依法取得经纪业务资格的证券公司，申请开立资金账户并办理全面指定交易委托。

开立资金账户的规则主要如下：

1. 开立资金账户采用实名制、资金账户和证券账户的名义必须一致。受理开户的证券公司应当对开户申请人的身份、证券账户及其他相关资料进行严格审查。

2. 开立资金账户的最低资金限额由证券公司营业规则加以确定。

3. 账户内资金属于客户保证金，由证券公司受托管理而非其自有资金，不得私自挪用。根据证券法第 139 条第 2 款规定，证券公司不得将客户的交易结算资金和证券归入其自有财产。禁止任何单位或者个人以任何形式挪用客户的交易结算资金和证券。

4. 证券公司客户的交易结算资金应当存放在商业银行，以每个客户的名义单独立户管理。不允许将客户的资金集中存放。

二、委托指令

在完成开户之后建立的概括委托关系基础之上，证券公司接受投资者的买卖指令，为客户办理具体的证券买卖事务。

（一）投资者发出买卖交易指令

投资者买卖证券时，必须在营业时间内向证券公司发出买卖指令，证券公司审查并接受指令后，与客户形成了买卖证券的委托关系。

投资者发出委托指令时应详细说明以下内容：

1. 股东账户及密码；

2. 委托序号和时间；

3. 证券名称；

4. 委托买进或卖出数量；

5. 交易性质；

6. 委托价格；

7. 委托期限以及委托的姓名或名称等其他事项。

证券公司接受证券买卖的委托，应当根据委托书载明的证券名称、买卖数量、出价方式、价格幅度等，按照交易规则代理买卖证券，如实进行交易记录。

根据交易所业务规则，买卖委托分为柜台委托与自助委托。前者即当面委托，在证券公司柜台处填写书面的买卖成交单，包括电报委托、传真委托、信函委托和电脑报单等形式；后者包括电话委托和电脑委托，投资者发出委托指令时无须填写书面委托成交单，而应使用证券公司事先提供的交易密码，自行下达交易指令，证券公司必须妥善保留相关记录。证券法第 147 条规定，证券公司应当妥善保存客户开户资料、委托记录、交易记录和与内部管理、业务经营有关的各项资料，任何人不得隐匿、伪造、篡改或者毁损。

（二）证券公司审查指令的义务

证券公司收到委托指令后，应当按照开户协议、交易规则以及法律法规的规定审查委托指令的合法性、真实性和同一性：

1. 合法性是对主体、程序及内容的合法性进行审查；

2. 真实性，是指证券公司应核对委托买卖证券的数量及金额，确认其与账户实有证券及资金的数额相一致。在现货交易中，投资者委托买进证券时，须将款项全额支付给证券公司；委托卖出股票时，须将股票全额存入证券账户。在信用交易中，证券公司应核查投资者是否交足保证金，以避免透支；

3. 同一性，是指审查委托人委托报单与在证券公司的开户信息相一致，以确定买卖委托是投资者的有权保单，具体应核对身份、账号及证件的一致性。

三、竞价与成交

证券公司根据投资者的委托，按照证券交易规则提出交易申报，参与证券交易所场内的集中交易被称为报单。中国目前采取两种报单方式：一是由证券公司营业人员以计算机终端向场内申报竞价交易，由营业人员按照输入程序及规则确定每笔委托的编号，然后输入证券交易所主机；二是专柜书面竞价交易，即营业人员在接受买卖委托指令后，依顺序编号填制“证券买卖记录单”，并将买卖指令输入证券交易所主机，由计算机撮合成交。

在集中竞价环境下，竞价分为集合竞价和连续竞价两种形式，前文已经介绍，在此不再赘述。

四、证券交易结算

证券交易清算，是指证券买卖成交后，买卖双方通过交易清算系统进行资金和证券的交付和收讫，分为清算与交收两个部分：

（一）清算

证券交易的清算分为证券公司结算和证券登记结算公司清算两个步骤：

1. 证券公司结算是指证券公司根据投资者成交情况，计算证券、资金的应受应付数额。

2. 证券登记结算公司清算是指证券登记结算机构计算证券、资金的应受应付数额。

中国采取“二级清算”或“分级清算”规则，证券登记结算公司负责与证券公司之间的集中清算交收；证券公司负责办理与客户之间的清算交收。投资者直接与证券公司办理清算，与证券登记结算公司之间没有清算关系。证券公司先与客户清算，再与证券登记结算机构清算。证券公司的证券交收账户和资金交收账户中应当留存足额的证券和资金。证券登记结算公司应将证券公司证券和资金计算出应收应付的净额，并将清算结果及时通知证券公司；证券公司在进行集中清算交收前，向客户收取应付的证券和资金。

（二）交收

交收，是指证券登记结算公司根据清算结果，转移证券和划拨资金，也称为交割。与清算相似，证券登记结算公司负责办理与证券公司之间的交收，证券公司办理与客户之间的交收，而证券登记结算公司与证券公司客户不存在直接的交收关系。

根据交易清算规则，证券公司在代理投资者进行证券交易的当日，应当在收市后首先与证券交易所办理清算业务，由各证券公司依差价交收规则对买卖证券的金额差价予以清偿；然后每个证券公司对其代理的投资者买卖证券的价款金额进行清抵。根据当日信用结算管理，投资者在得到成交报告时，账户内资金即已清结；其中，卖出证券者已得到资金，并可将该资金另作其他用途；买入证券者，其账户内资金已被减去，不得再透支购买证券，形成了清算规则上的 T+0 规则。

五、证券登记过户

证券登记过户，是指证券交易成交后，买卖双方通过证券公司以及证券登记结算公司进行证券权利的转移与过户登记。证券登记结算公司接受发行人委托，通过设立、维护证券持有人名册确认证券持有人持有证券的事实。证券登记过户遵循 T+1 规则，投资者在证券买卖成交后的下一个营业日，证券登记公司为其办理完毕过户登记手续，并提供交割单。

【法条指引】

中华人民共和国证券法（节录）

第一百五十五条 证券登记结算机构是为证券交易提供集中登记、存管与结算服务，不以营利为目的的法人。

设立证券登记结算机构必须经国务院证券监督管理机构批准。

第一百五十七条 证券登记结算机构履行下列职能：

（一）证券账户、结算账户的设立；

（二）证券的存管和过户；

（三）证券持有人名册登记；

（四）证券交易所上市证券交易的清算和交收；

（五）受发行人的委托派发证券权益；

（六）办理与上述业务有关的查询；

（七）国务院证券监督管理机构批准的其他业务。

第一百五十八条 证券登记结算采取全国集中统一的运营方式。

证券登记结算机构章程、业务规则应当依法制定，并经国务院证券监督管理机构批准。

第一百五十九条 证券持有人持有的证券，在上市交易时，应当全部存管在证券登记结算机构。

证券登记结算机构不得挪用客户的证券。

第一百六十六条 投资者委托证券公司进行证券交易，应当申请开立证券账户。证券登记结算机构应当按照规定以投资者本人的名义为投资者开立证券账户。

投资者申请开立账户，必须持有证明中国公民身份或者中国法人资格的合法证件。国家另有规定的除外。

第五节 停牌与复牌

【规则要点】

根据证券法规定，因突发性事件而影响证券交易的正常进行时，证券交易所可以采取技术性停牌的措施；因不可抗力的突发性事件或者为维护证券交易的正常秩序，证券交易所可以决定临时停市。

证券交易所采取技术性停牌或者决定临时停市，必须及时报告国务院证券监督管理机构。

【理解与适用】

一、停牌

停牌，是指在证券交易中发生某种突发性事件影响了证券交易的正常进行，证券交易所依上市公司的申请或者自行暂停某只上市证券的交易。待该突发性事件消除后，证券交易所有权依上市公司的申请或者自行决定复牌，即恢复交易。

停牌仅指某只或者数只特定证券的交易，如果在某家证券交易所上市的多只或者全部证券停止交易，可构成停市。停牌不影响上市公司及上市证券的资格。在停牌期间，上市公司及上市证券的资格不变。

引起停牌的原因是发生了影响证券交易正常进行的突发性事件，该事件的种类由证券交易所规则明确规定。在证券交易所采取停牌措施时，必须及时报告证监会，并且证券行情表中会出现“停牌”字样，该股票买卖自然停止。

停牌原因由证券交易所上市规则具体规定。例如，《上海证券交易所股票上市规则》第十二章规定了停牌的主要原因，包括：

（一）重大信息泄露

上市公司预计应披露的重大信息在披露前已难以保密或者已经泄露，可能或者已经对公司股票及其衍生品种的交易价格产生较大影响的，应当立即向本所申请对其股票及其衍生品种停牌。公共传媒中出现上市公司尚未披露的重大信息，可能或者已经对公司股票及其衍生品种的交易价格产生较大影响的。

（二）财务会计报告瑕疵

上市公司财务会计报告被出具非标准无保留审计意见，且意见所涉及的事项属于明显违反会计准则、制度及相关信息披露规范规定的；上市公司财务会计报告因存在重大会计差错或者虚假记载，被中国证监会责令改正但未在规定期限内改正的。

（三）信息披露义务瑕疵

上市公司未在中国证监会和《上海证券交易所股票上市规则》规定的期限内披露季度报告、年度报告或者上市公司的定期报告或者临时报告披露不够充分、完整或者可能误导投资者，但拒不按要求就有关内容进行解释或者补充披露的；上市公司在公司运作和信息披露方面涉嫌违反法律、行政法规、部门规章、其他规范性文件、本规则或本所其他有关规定，情节严重而被有关部门调查的；上市公司因某种原因使本所失去关于公司的有效信息来源。

（四）上市条件变化

上市公司进行重大资产重组的；上市公司因股权分布发生变化导致连续 20 个交易日不具备上市条件的；上市公司因收购人履行要约收购义务，或收购人以终止上市公司上市地位为目的而发出全面要约的。

二、复牌

复牌，是指股票被停牌的证券恢复交易。股改或者对价后，复牌第一天没有涨跌幅限制。而对于非股改情况下的复牌，是有涨跌幅限制的。

上市公司出现以下情况之一的，证券交易所对其股票及其衍生品种复牌：

1. 因出现上市公司尚未披露的信息导致对该股票及其衍生品种停牌的，直至上市公司对该消息作出公告的当日下午开市时复牌。

2. 股票交易出现异常波动导致停牌的，直至有披露义务的当事人作出公告的当日下午开市时复牌。

3. 上市公司在公司运作和信息披露方面涉嫌违反法律法规、规章及证券交易所业务规则，情节严重的，在被有关部门调查期间，经中国证监会批准，对公司股票及其衍生品种停牌，待有关处理决定公告后另行决定复牌。

4. 上市公司出现以下情况之一的，证券交易所对其股票及衍生品种停牌，直至导致停牌的因素消除后复牌：投资者发出收购该上市公司股票的公开要约；中国证监会依法作出暂停股票交易的决定；证券交易所认为必要时。

上市公司申请的停牌期限不超过30天的，证券交易所根据该公司的股票交易情况作出决定；超过30天（包括30天）的，由证券交易所提出处理意见报中国证监会批准。公司应该在停牌申请获准后的次一个工作日公告停牌的信息。

【法条指引】

中华人民共和国证券法（节录）

第一百一十四条 因突发性事件而影响证券交易的正常进行时，证券交易所可以采取技术性停牌的措施；因不可抗力的突发性事件或者为维护证券交易的正常秩序，证券交易所可以决定临时停市。

证券交易所采取技术性停牌或者决定临时停市，必须及时报告国务院证券监督管理机构。

第六节 暂停、恢复和终止上市

【规则要点】

证券上市后，上市公司应当积极采取措施，持续满足证券的上市条件，否则可能面临暂停上市或者终止上市的困局。暂停、终止上市是指在法律、法规和规章规定的事由出现时，证券交易所主动或者根据上市公司的申请，决定暂停、终止公司或者证券的上市资格。

与停牌相比，暂停、终止上市是对上市公司或者证券资格的限制，停牌是对交易活动的限制，停牌不影响证券的上市资格。

【理解与适用】

一、暂停上市

（一）暂停股票上市的法定事由

根据证券法规定，上市公司有下列情形之一的，由证券交易所决定暂停其股票上市交易：

1. 公司股本总额、股权分布等发生变化不再具备上市条件；

2. 公司不按照规定公开其财务状况，或者对财务会计报告作虚假记载，可能误导投资者；

3. 公司有重大违法行为；

4. 公司最近 3 年连续亏损；

5. 证券交易所上市规则规定的其他情形，如《上海证券交易所股票上市规则》第 14.1.1 条的规定。

（二）暂停公司债券上市的法定事由

根据证券法规定，公司债券上市交易后，公司有下列情形之一的，由证券交易所决定暂停其公司债券上市交易：

1. 公司有重大违法行为；

2. 公司情况发生重大变化不符合公司债券上市条件；

3. 发行公司债券所募集的资金不按照核准的用途使用；

4. 未按照公司债券募集办法履行义务；

5. 公司最近 2 年连续亏损。

债券暂停上市和股票暂停上市的条件之中，有重大违法行为的情形是相同的。对连续亏损要求，债券定为 2 年，股票定为 3 年，这是因为股票的风险本来就比债券要大。公司情形发生重大变化与股份总额、股权分布发生变化相类似，只是详略之差。第 3、4 项本身是上市的条件，上市条件中包括了所募资金按审批机关批准的用途使用。债券募集办法本身具有合同的效力，对发行人具有约束力，不遵守募集办法的行为就构成违约，应当承担违约责任。

二、恢复上市

恢复上市，是指在法律和证券交易所规定的暂停上市之事由消除之后，由暂停上市证券的发行人提出申请，证券交易所核准暂停上市证券的恢复上市。恢复上市是与暂停上市对应的概念，与终止上市无关。

（一）恢复上市的条件

根据《上海证券交易所股票上市规则》的规定，上市公司因净利润、净资产、营业收入或者审计意见类型触及法律法规以及证券交易所规定的标准的，其股票被暂停上市后，向证券交易所提出恢复上市申请的，应当同时符合第十四章第二节中的条件。

（二）恢复上市的申请、核准程序

根据《上海证券交易所股票上市规则》的规定，恢复上市有以下程序、条件：

1. 聘请具有主办券商业务资格的保荐人保荐

保荐人应当对公司恢复上市申请材料的真实性、准确性和完整性进行核查，在确信公司具备恢复上市条件后出具恢复上市保荐书，并保证承担连带责任。保荐人应当在规定期限内如实回复证券交易所就公司恢复上市事项提出的问询，并提供相应补充文件。恢复上市保荐书应当由保荐人的法定代表人（或者授权代表）和相关保荐代表人签字，注明日期并加盖保荐人公章。

2. 聘请律师对恢复上市申请进行审查

上市公司申请其股票恢复上市的，应当聘请律师对恢复上市申请的合法性、合规性以及相关申请材料的真实性、准确性和完整性进行核查验证，就公司是否具备恢复上市条件出具法律意见书，并承担相应的法律责任。

3. 上市公司提出恢复上市的申请及文件

4. 证券交易所审查并作出决定

证券交易所在收到上市公司提交的恢复上市申请文件之日后 5 个交易

日内，作出是否受理的决定并通知公司。证券交易所在受理上市公司恢复上市申请之日后的30个交易日内，作出是否同意其股票恢复上市的决定。证券交易所上市委员会对上市公司恢复上市申请进行审议，作出独立的专业判断并形成审核意见。

5. 及时通知上市公司，并报中国证监会备案

证券交易所在作出同意其股票恢复上市的决定后2个交易日内通知上市公司，并报中国证监会备案。

三、终止上市

终止上市也称“退市”，是指证券交易所根据法律和证券交易所规定的事由，取消或者终止已上市证券的上市资格，证券便不再是上市证券。

（一）股票终止上市的法定事由

根据证券法规定，上市公司有下列情形之一的，由证券交易所决定终止其股票上市交易：

1. 公司股本总额、股权分布等发生变化不再具备上市条件，在证券交易所规定的期限内仍不能达到上市条件；

2. 公司不按照规定公开其财务状况，或者对财务会计报告作虚假记载，且拒绝纠正；

3. 公司最近3年连续亏损，在其后1个年度内未能恢复盈利；

4. 公司解散或者被宣告破产；

5. 证券交易所上市规则规定的其他情形，如《上海证券交易所股票上市规则》第十四章第三节关于强制终止上市的规定。

（二）公司债券终止上市的法定事由

根据证券法规定，公司债券终止上市的事由如下：

1. 公司有重大违法行为，经查实后果严重的；

2. 未按照公司债券募集办法履行义务，经查实后果严重的；

3. 公司情况发生重大变化不符合公司债券上市条件，在限期内未能消除的；

4. 发行公司债券所募集的资金不按照核准的用途使用，在限期内未能消除的；

5. 公司最近2年连续亏损，在限期内未能消除的；

6. 公司解散或者被宣告破产的。

（三）终止上市的基本程序

1. 证券交易所作出决定。

2. 证券交易所在作出公司股票终止上市的决定后2个交易日内通知上市公司，并于2个交易日内发布相关公告，同时报证监会备案。

3. 证券交易所指定代办机构。证券交易所作出终止上市决定时仍未聘请代办机构的公司，证券交易所在作出公司股票终止上市决定的同时为其指定临时代办机构，通知公司和代办机构，并于2个交易日内就上述事项发布相关公告。

4. 公司发布公告。公司在接到终止上市决定时应及时披露股票终止上市的公告。

5. 安排进入代办股份转让系统进行代办转让。

（四）与终止上市相关的特别程序——“退市风险警示”

上市公司出现财务状况或其他状况异常，导致其股票存在终止上市风险的，证券交易所有权对该公司股票实行特别处理。被实行特别处理的公司股票，应冠以“ST”字样，以区别于其他股票，股票报价的日涨跌幅限制为5%。

【法条指引】

中华人民共和国证券法（节录）

第五十六条 上市公司有下列情形之一的，由证券交易所决定终止其股票上市交易：

（一）公司股本总额、股权分布等发生变化不再具备上市条件，在证券交易所规定的期限内仍不能达到上市条件；

（二）公司不按照规定公开其财务状况，或者对财务会计报告作虚假记载，且拒绝纠正；

（三）公司最近三年连续亏损，在其后一个年度内未能恢复盈利；

（四）公司解散或者被宣告破产；

（五）证券交易所上市规则规定的其他情形。

第六十条 公司债券上市交易后，公司有下列情形之一的，由证券交易所决定暂停其公司债券上市交易：

（一）公司有重大违法行为；

（二）公司情况发生重大变化不符合公司债券上市条件；

（三）发行公司债券所募集的资金不按照核准的用途使用；

（四）未按照公司债券募集办法履行义务；

（五）公司最近二年连续亏损。

第六十一条 公司有前条第（一）项、第（四）项所列情形之一经查实后果严重的，或者有前条第（二）项、第（三）项、第（五）项所列情形之一，在限期内未能消除的，由证券交易所决定终止其公司债券上市交易。

公司解散或者被宣告破产的，由证券交易所终止其公司债券上市交易。

第六十二条 对证券交易所作出的不予上市、暂停上市、终止上市决定不服的，可以向证券交易所设立的复核机构申请复核。

第六章

信息公开与虚假陈述

第一节　信息公开概述

【规则要点】

信息公开制度也称信息披露制度。公开是发行证券的必经程序，证券是特殊的信息产品，信息决定了证券价值。因此，信息披露制度对于维护证券市场秩序和投资者利益起着至关重要的作用。

【理解与适用】

证券法规定，发行人、上市公司依法披露的信息，必须真实、准确、完整，不得有虚假记载、误导性陈述或者重大遗漏。据此，为了准确地反映证券的真实价值，切实保护投资者的利益，发行人和上市公司承担了信息公开义务，必须按照真实、准确、完整的法定要求公布相关信息。中介机构承担着辅助履行性信息公开义务。如果上市公司及相关人员违反信息公开义务，构成虚假陈述而对投资者造成经济损失，相关当事人应当承担相应的法律责任。

按照信息披露的目的和时间，可分为发行信息的披露、持续性信息披露和预披露制度。其中，预披露制度已在前文论述。发行信息披露是为了向社会公众募集或者发行证券而进行的持续性信息披露。持续性信息披露是指发行人、发行人主要股东和有关当事人披露与证券交易和证券有关的重大信息。二者都建立在公开、公正和公平原则的基础上，但在具体规则上存在较大差异。

【法条指引】

中华人民共和国证券法（节录）

第六十三条　发行人、上市公司依法披露的信息，必须真实、准确、完整，不得有虚假记载、误导性陈述或者重大遗漏。

第六十四条　经国务院证券监督管理机构核准依法公开发行股票，或者经国务院授权的部门核准依法公开发行公司债券，应当公告招股说明书、公司债券募集办法。依法公开发行新股或者公司债券的，还应当公告财务会计报告。

第二节　发行信息披露制度

【规则要点】

在证券发行过程中，证券监管机构要求报审的内容同样也是公众期望公开的内容，审查通过的内容就是最终公开的内容。证券法第 12 条、第 14 条、第 17 条规定了发行证券要求报送的发行申请文件，同样也是随后公开的内容，这在前文证券发行的程序中已作介绍。

证监会发布的《公开发行证券的公司信息披露内容与格式准则第 9 号——首次公开发行股票并上市申请文件》和《公开发行证券的公司信息披露内容与格式准则第 10 号——上市公司公开发行证券申请文件》分别对股票首次发行和新股发行时发行人应当报审的文件和每个文件的内容作了规定。

【理解与适用】

一、发行公开的内容

根据上述文件规定，股票首次发行应当报送的申请文件分为 9 组：

1. 募集文件，包括招股说明书与发行公告；

2. 发行人关于本次发行的申请及授权文件，包括发行人的发行申请报告以及有关董事会、股东大会的决议；

3. 保荐人关于本次发行的发行保荐书；

4. 会计师关于本次发行的文件；

5. 发行人律师关于本次发行的法律意见书和律师工作报告；

6. 发行人的设立文件；

7. 关于本次发行募集资金运用的文件；

8. 与财务会计资料相关的其他文件；

9. 其他文件。

新股发行申请报送的文件大致相同，仅仅略去了第6、8、9项中的某些文件。总的来说，首次发行与新股发行的公开原理和内容格式大致相同。

二、招股说明书

招股说明书是公开发行股票应当公开的最基本法律文件。招股说明书内容具有法定性。公司法第86条原则规定了招股说明书应当附有发起人制订的公司章程，并载明下列事项：

1. 发起人认购的股份数；

2. 每股的票面金额和发行价格；

3. 无记名股票的发行总数；

4. 募集资金的用途；

5. 认股人的权利、义务；

6. 本次募股的起止期限及逾期未募足时认股人可以撤回所认股份的说明。

更进一步，证监会发布的《公开发行证券的公司信息披露内容与格式准则第1号——招股说明书》规定了招股说明书应包括招股说明书全文和招股说明书摘要两部分：

（一）招股说明书全文

招股说明书全文包括：

1. 封面、书脊、扉页、目录、释义；

2. 概览；

3. 本次发行概况；

4. 风险因素；

5. 发行人基本情况；

6. 业务和技术；

7. 同业竞争与关联交易；

8. 董事、监事、高级管理人员与核心技术人员；

9. 公司治理；

10. 财务会计信息；

11. 管理层讨论与分析；

12. 业务发展目标；

13. 募集资金运用；

14. 股利分配政策；

15. 其他重要事项；

16. 董事、监事、高级管理人员及有关中介机构声明；

17. 备查文件。

招股说明书是为了募集股份而向社会公众发出的法定文件，即使是向原股东配售股票时，也要公布招股说明书。但是招股说明书内容详尽、篇幅冗长且专业性很强，不便于普通投资者阅读和理解。为增强招股相关文件的易解性和可读性，尽可能广泛、迅速地向公众投资者提供和传达有关股票发行的扼要信息，招股说明书摘要便和招股说明书一起被列为法定披露文件。

（二）招股说明书摘要

招股说明书篇幅简短，内容包括：

1. 重大事项提示；

2. 本次发行概况；

3. 发行人基本情况；

4. 募股资金运用；

5. 风险因素和其他重要事项；

6. 本次发行各方当事人和发行时间安排；

7. 备查文件。

招股说明书摘要力求通俗易懂，同时必须忠实于招股说明书全文，不得与之矛盾。

根据该准则，发行人应在招股说明书摘要的显要位置声明：“本招股说明书摘要的目的仅为向公众提供有关本次发行的简要情况，并不包括招股说明书全文的各部分内容。招股说明书全文同时刊载于×××网站。投资者在作出认购决定之前，应仔细阅读招股说明书全文，并以其作为投资决定的依据。”

三、债券募集办法

发行债券时应当报送的申请文件之中，最重要的就是公司债券募集办法。债券募集办法是债券发行时信息披露的核心文件，与发行股票时的招股说明书性质相同。公司法第154条规定，发行公司债券的申请经国务院授权的部门核准后，应当公告公司债券募集办法。

公司债券募集办法中应当载明下列主要事项：

1. 公司名称；
2. 债券募集资金的用途；
3. 债券总额和债券的票面金额；
4. 债券利率的确定方式；
5. 还本付息的期限和方式；
6. 债券担保情况；
7. 债券的发行价格、发行的起止日期；
8. 公司净资产额；
9. 已发行的尚未到期的公司债券总额；
10. 公司债券的承销机构。

四、公开的程序

公开发行证券应当严格按照证券法第25条规定的程序进行：证券发行申请经核准之后，发行人应当依照法律、行政法规的规定，在证券公开发行前，公告公开发行募集文件，并将该文件置备于指定场所供公众查阅。

（一）公告文件的平台

根据证券法规定，依法必须披露的信息，应当在国务院证券监督管理机构指定的媒体发布，具体是指证监会指定的报刊和网站，公开的范围应当和证券发行的范围相一致。

（二）放置文件的地点

根据证券法规定，发行募集文件应置备于公司住所、证券交易所，供社会公众查阅。

为了达到信息占有的公平，法律限制了内幕信息的传播：发行证券的信息依法公开前，任何知情人不得公开或者泄露该信息。一方面，对公众投资者应当进行充分的披露，保护他们的知情权；另一方面，对少数在信息上具有便利条件的人进行适当的限制，防止他们事先泄露或者公开信息对公众投资者的利益造成直接或间接的损害。

【法条指引】

中华人民共和国证券法（节录）

第七十条 依法必须披露的信息，应当在国务院证券监督管理机构指定的媒体发布，同时将其置备于公司住所、证券交易所，供社会公众查阅。

第三节 持续信息披露制度

【规则要点】

发行公开只反映了公司在发行时的价值，由于公司的经营状况是在不断变化，公司及股票的价值也在不断波动。只要已发行的证券依然在市场上流通，就需要持续公开。根据持续信息公开制度，发行人和上市公司负有公开、公平、及时向社会披露一切有关公司和所发证券的重要信息的持续性责任。

证券法第 65 条、第 66 条确定了定期公开制度框架，分别规定了中期报告和年度报告制度。作为补充，中国证监会发布了《公开发行证券的公司信息披露内容与格式准则第 2 号——年度报告的内容和格式》《公开发行证券的公司信息披露内容与格式准则第 3 号——半年度报告的内容和格式》。

按照报告期限，定期报告分为年度报告、中期报告和季度报告；根据制作人身份，定期报告又分为股票上市公司的定期报告和公司债券上市交易公司的定期报告。因此，中国国内定期报告主要包括5种：（1）上市公司年度报告；（2）上市公司中期报告；（3）上市公司季度报告；（4）公司债券上市交易公司的年度报告；（5）公司债券上市交易公司的中期报告。

定期报告不仅要以适当的形式作出，还必须获得书面确认及审核。上市公司董事、高级管理人员应当对公司定期报告签署书面确认意见，对董事会编制的公司定期报告进行审核并提出书面审核意见，应当保证上市公司所披露的信息真实、准确、完整。

【理解与适用】

一、年度报告

（一）年度报告的主要内容

根据证券法规定，年度报告应包含：

1. 公司概况；

2. 公司财务会计报告和经营情况；

3. 董事、监事、高级管理人员简介及其持股情况；

4. 已发行的股票、公司债券情况，包括持有公司股份最多的前10名股东的名单和持股数额；

5. 公司的实际控制人；

6. 国务院证券监督管理机构规定的其他事项。

（二）年度报告的披露规则

股票上市公司和公司债券上市交易的公司，应当在每一会计年度结束之日起4个月内，向国务院证券监督管理机构和证券交易所报送年度报告，并予公告；上市公司年度报告必须附加具有从业资格的会计师事务所出具的审计报告。

二、中期报告

（一）中期报告的主要内容

根据证券法规定，中期报告应包含：

1. 公司财务会计报告和经营情况；

2. 涉及公司的重大诉讼事项；

3. 已发行的股票、公司债券变动情况；

4. 提交股东大会审议的重要事项；

5. 国务院证券监督管理机构规定的其他事项。

除了末项需要由证监会另行规定外，在法律直接指定的几项内容中，公司财务会计报告和经营状况以及已发行的股票与公司债券变动情况是相同的。中期报告要求披露重大诉讼事项和股东大会审议的重要事项；而年度报告则要求披露公司的实际控制人和董事、监事、高级管理人员简介及其持股情况。

一般来说，年度报告比中期报告详尽；中期报告披露的内容年度报告都应当披露，而年度报告披露的内容中期报告有时候可以省略。

（二）中期报告的披露规则

股票上市公司和公司债券上市交易的公司，应当在每一会计年度的上半年结束之日起2个月内，向国务院证券监督管理机构和证券交易所报送中期报告，并予公告。

三、临时报告

临时公开是对定期公开的必要补充。

证券法第67条规定，以下情况可能对上市公司股票交易价格产生较大影响的重大事件应当予以公告：

1. 公司的经营方针和经营范围的重大变化；

2. 公司的重大投资行为和重大的购置财产的决定；

3. 公司订立重要合同，可能对公司的资产、负债、权益和经营成果产生重要影响；

4. 公司发生重大债务和未能清偿到期重大债务的违约情况；

5. 公司发生重大亏损或者重大损失；

6. 公司生产经营的外部条件发生的重大变化；

7. 公司的董事、1/3以上监事或者经理发生变动；

8. 持有公司5%以上股份的股东或者实际控制人，其持有股份或者控制公司的情况发生较大变化；

9. 公司减资、合并、分立、解散及申请破产的决定；

10. 涉及公司的重大诉讼，股东大会、董事会决议被依法撤销或者宣告无效；

11. 公司涉嫌犯罪被司法机关立案调查，公司董事、监事、高级管理人员涉嫌犯罪被司法机关采取强制措施；

12. 国务院证券监督管理机构规定的其他事项。

发生以上可能对上市公司股票交易价格产生较大影响的重大事件，股票上市公司应当立即将有关该重大事件的情况向国务院证券监督管理机构和证券交易所报送临时报告，并予公告，说明事件的起因、目前的状态和可能产生的法律后果。

编制和公布临时报告的义务人是股票上市公司，公司债券发行人无须公布临时报告。编制和公布临时报告依事件之重大程度而定。

一般来说，重大与否的标准是对投资者的投资决策产生决定性的影响。广泛采用的标准主要考虑三个因素：

第一，是否构成对股票价格的某种影响；

第二，投资者是否已经知晓；

第三，是否构成对股票价格的较大影响。

【法条指引】

中华人民共和国证券法（节录）

第六十五条　上市公司和公司债券上市交易的公司，应当在每一会计年度的上半年结束之日起二个月内，向国务院证券监督管理机构和证券交易所报送记载以下内容的中期报告，并予公告：

（一）公司财务会计报告和经营情况；

（二）涉及公司的重大诉讼事项；

（三）已发行的股票、公司债券变动情况；

（四）提交股东大会审议的重要事项；

（五）国务院证券监督管理机构规定的其他事项。

第六十六条　上市公司和公司债券上市交易的公司，应当在每一会计年度结束之日起四个月内，向国务院证券监督管理机构和证券交易所报送记载以下内容的年度报告，并予公告：

（一）公司概况；

（二）公司财务会计报告和经营情况；

（三）董事、监事、高级管理人员简介及其持股情况；

（四）已发行的股票、公司债券情况，包括持有公司股份最多的前十名股东的名单和持股数额；

（五）公司的实际控制人；

（六）国务院证券监督管理机构规定的其他事项。

第六十八条 上市公司董事、高级管理人员应当对公司定期报告签署书面确认意见。

上市公司监事会应当对董事会编制的公司定期报告进行审核并提出书面审核意见。

上市公司董事、监事、高级管理人员应当保证上市公司所披露的信息真实、准确、完整。

第四节 虚假陈述的民事责任

【规则要点】

发行人的公开、真实在整个证券市场的运行中处于核心地位，因此，因公开失真而引发的民事赔偿责任便是证券法民事责任的核心与基础。行为人在提交或者公布的法定信息披露文件中作出虚假记载、误导性陈述或者有重大遗漏，都可以认定为虚假陈述。证券法上的虚假陈述包括各种行为形态而不限于行为人积极作出的某种意思表示，可以是作为或者不作为；包括各种主观态度而不限于主观故意。

【理解与适用】

一、虚假陈述的责任主体

证券法规定的对公开文件的真实性负责的责任主体有：发行人；发行

人的董事、监事、高级管理人员和其他直接责任人员；保荐人和承销人；发行人的控制人；为发行、上市、交易等证券业务活动制作并出具专业文件的证券服务机构。

（一）发行人、上市公司的董事、监事、高级管理人员和其他直接责任人员

证券法第69条规定，发行人、上市公司的董事、监事、高级管理人员和其他直接责任人员应当与发行人、上市公司承担连带赔偿责任，但是能够证明自己没有过错的除外。

发行人和上市公司的董事、监事、高级管理人员承担过错推定责任，除能够证明自己没有过错者，都应当承担连带责任，这是由他们担任的职务和所处的地位决定的。证券法第68条规定了上市公司的董事、监事和高级管理人员对勤勉尽责义务的承诺，要求以上人员在定期报告上签名，对其负责。证券法将举证的责任分配给被告，由被告自己去证明自己没有过错，这样更加公平有效且保护了投资者的利益。

（二）保荐人和承销人

根据证券法第69条规定，保荐人和承销的证券公司也承担过错推定责任，举证责任倒置。

证券法第11条第2款和第31条原则性地规定了保荐人和承销人的核查义务。证监会发布的《保荐人尽职调查工作准则》对此进行了强调：保荐人应当在获得充分的尽职调查证据并对各种证据进行综合分析的基础上进行独立判断；应当结合尽职调查过程中获得的信息对专业意见的内容进行审慎核查。对专业意见存有异议的，应当主动与中介机构进行协商，并可要求其作出解释或出具依据；应当对存在重大差异的有关事项进行调查、复核，并可聘请其他中介机构提供专业服务。

同时，《保荐人尽职调查工作准则》还对标准的执行提供了具体的内容，包括发行人基本情况调查、业务与技术调查、同业竞争与关联交易调查、财务与会计调查、风险因素等。《保荐人尽职调查工作准则》不仅规定了每一项调查的具体内容，而且指明了调查的具体方法与途径。同时，《证券发行上市保荐业务管理办法》也对保荐人的义务和责任进行了强调。

总而言之，上述法律法规规定了承销人的辅导、尽职调查和保荐义

务。承销人必须证明自己的调查尽职，没有虚假陈述过错，否则就要承担连带责任。

（三）发行人的控股股东、实际控制人

控股股东是公司中依其出资额或者持有的股份所享有的表决权已足以对股东会、股东大会的决议产生重大影响的股东；实际控制人是指虽不是公司的股东，但通过投资关系、协议或者其他安排，能够实际支配公司行为的人。

根据证券法第69条规定，发行人、上市公司的控股股东、实际控制人有过错的，应当与发行人、上市公司承担连带赔偿责任。控股股东和实际控制人同样承担过错责任但是举证责任不同，实行“谁主张，谁举证”的普通规则。

依据《最高人民法院关于审理证券市场因虚假陈述引发的民事赔偿案件的若干规定》，实际控制人操纵发行人或者上市公司违反证券法律规定，以发行人或者上市公司名义虚假陈述并给投资人造成损失的，可以由发行人或者上市公司承担赔偿责任并在承担赔偿责任后，可以向实际控制人追偿；实际控制人违反证券法虚假陈述，给投资人造成损失的，由实际控制人承担赔偿责任。

公司法第20条第2款、第3款已经对刺穿公司面纱作了原则性规定："公司股东滥用股东权利给公司或者其他股东造成损失的，应当依法承担赔偿责任。公司股东滥用公司法人独立地位和股东有限责任，逃避债务，严重损害公司债权人利益的，应当对公司债务承担连带责任。"证券法第69条关于控股股东和实际控制人的规定可以看作其特例。

（四）为发行、上市、交易出具文件的证券服务机构

依据《最高人民法院关于审理证券市场因虚假陈述引发的民事赔偿案件的若干规定》第7条规定，会计师事务所、律师事务所、资产评估机构等专业中介服务机构也属于责任主体。因证券服务机构为证券的发行、上市、交易等证券业务活动制作、出具的文件有虚假记载、误导性陈述或者重大遗漏，给他人造成损失的，该服务机构应当与发行人、上市公司承担连带赔偿责任，但是能够证明自己没有过错的除外。

发行公开的文件分为有专业意见支持和无专业意见支持两个部分。为发行、上市、交易出具文件的专家、机构支队各自审查和认证的专家部分

负责，但同时其承担的责任也重于其他主体。只有在主动而全面地调查、核实各种数据，充分运用专业知识的基础上有合乎情理的理由相信发行人的公开是真实、准确、完整的，才算尽到了勤勉义务。主观要件的举证责任在于被告，被告证明自己没有过错的途径是证明自己对于法定披露信息中违法事实的调查已经尽职。

二、虚假陈述的行为类型

证券法及《最高人民法院关于审理证券市场因虚假陈述引发的民事赔偿案件的若干规定》均要求虚假陈述须以重大事件或者重大信息为限，如果不具有重大性，就难以将该信息披露义务的违反归入虚假陈述。重大性的判断取决于该失真或者遗漏对一个普通的、谨慎的投资者的决策有无举足轻重的影响。如果一个普通、谨慎的投资者认为该信息重要的可能性比较大，那么该信息就是重要的；否则就是不重要的。

根据证券法与司法解释，证券市场虚假陈述分为虚假记载、误导性陈述、重大遗漏和不正当披露。

（一）虚假记载

虚假记载，是指信息披露义务人在披露信息时，将不存在的事实在信息披露文件中予以记载的行为。

（二）误导性陈述

误导性陈述，是指虚假陈述行为人在信息披露文件中或者通过媒体，作出使投资人对其投资行为发生错误判断并产生重大影响的陈述。

（三）重大遗漏

重大遗漏，是指信息披露义务人在信息披露文件中，未将应当记载的事项完全或者部分予以记载。

（四）不正当披露

不正当披露，是指信息披露义务人未在适当期限内或者未以法定方式公开披露应当披露的信息。

三、因果关系的认定

因果关系是侵权行为民事责任的构成要件之一。只有虚假陈述与损害结果之间存在因果关系，行为主体才承担民事责任。

依据《最高人民法院关于审理证券市场因虚假陈述引发的民事赔偿案件的若干规定》第 18 条规定，投资人具有以下情形的，人民法院应当认定虚假陈述与损害结果之间存在因果关系：

1. 投资人所投资的是与虚假陈述直接关联的证券；

2. 投资人在虚假陈述实施日及以后，至揭露日或者更正日之前买入该证券；

3. 投资人在虚假陈述揭露日或者更正日及以后，因卖出该证券发生亏损，或者因持续持有该证券而产生亏损。

依据《最高人民法院关于审理证券市场因虚假陈述引发的民事赔偿案件的若干规定》第 19 条规定，被告举证证明原告具有以下情形的，人民法院应当认定虚假陈述与损害结果之间不存在因果关系：

1. 在虚假陈述揭露日或者更正日之前已经卖出证券；

2. 在虚假陈述揭露日或者更正日及以后进行的投资；

3. 明知虚假陈述存在而进行的投资；

4. 损失或者部分损失是由证券市场系统风险等其他因素所导致；

5. 属于恶意投资、操纵证券价格的。

此处的虚假陈述实施日是指作出虚假陈述或者发生虚假陈述之日；虚假陈述揭露日，是指虚假陈述在全国范围内发行或者播放的报刊、电台、电视台等媒体上，首次被公开揭露之日；虚假陈述更正日，是指虚假陈述行为人在中国证券监督管理委员会指定披露证券市场信息的媒体上，自行公告更正虚假陈述并按规定履行停牌手续之日。

在普通民事赔偿案件之中，原则上由原告承担证明因果关系的责任。但是在证券虚假陈述案件中，原告证明损害和行为之间的因果关系具有一定困难，往往在信息占有上处于弱势的一方。因此，必须根据虚假陈述赔偿案件的特殊性，合理地分担原告和被告对因果关系的举证责任，适当减轻原告的举证责任。

四、损失的范围和计算

根据《最高人民法院关于审理证券市场因虚假陈述引发的民事赔偿案件的若干规定》，虚假陈述行为人在证券交易市场承担民事赔偿责任的范围，以投资人因虚假陈述而实际发生的损失为限。

投资人实际损失包括：

1. 投资差额损失。

2. 投资差额损失部分的佣金和印花税。佣金和印花税是投资人买卖证券时向证券公司或者国家支付的成本，为投资人遭受的实际损失。

投资差额损失主要区分两种情况加以确定：

1. 投资人在基准日及以前卖出证券的，其投资差额损失，以买入证券平均价格与实际卖出证券平均价格之差，乘以投资人所持证券数量计算。

2. 投资人在基准日之后卖出或者仍持有证券的，其投资差额损失，以买入证券平均价格与虚假陈述揭露日或者更正日起至基准日期间，每个交易日收盘价的平均价格之差，乘以投资人所持证券数量计算。

投资人持股期间基于股东身份取得的收益，包括红利、红股、公积金转增所得的股份以及投资人持股期间出资购买的配股、增发股和转配股，不得冲抵虚假陈述行为人的赔偿金额。

投资差额损失计算的基准日，是指虚假陈述揭露或者更正后，为将投资人应获赔偿限定在虚假陈述所造成的损失范围内，确定损失计算的合理期间而规定的截止日期。

基准日分别按下列情况确定：

1. 揭露日或者更正日起，至被虚假陈述影响的证券累计成交量达到其可流通部分100%之日。但通过大宗交易协议转让的证券成交量不予计算。

2. 按前项规定在开庭审理前尚不能确定的，则以揭露日或者更正日后第30个交易日为基准日。

3. 已经退出证券交易市场的，以摘牌日前一交易日为基准日。

4. 已经停止证券交易的，可以停牌日前一交易日为基准日。

【法条指引】

中华人民共和国证券法（节录）

第六十八条 上市公司董事、高级管理人员应当对公司定期报告签署书面确认意见。

上市公司监事会应当对董事会编制的公司定期报告进行审核并提出书面审核意见。

上市公司董事、监事、高级管理人员应当保证上市公司所披露的信息真实、准确、完整。

第六十九条 发行人、上市公司公告的招股说明书、公司债券募集办法、财务会计报告、上市报告文件、年度报告、中期报告、临时报告以及其他信息披露资料，有虚假记载、误导性陈述或者重大遗漏，致使投资者在证券交易中遭受损失的，发行人、上市公司应当承担赔偿责任；发行人、上市公司的董事、监事、高级管理人员和其他直接责任人员以及保荐人、承销的证券公司，应当与发行人、上市公司承担连带赔偿责任，但是能够证明自己没有过错的除外；发行人、上市公司的控股股东、实际控制人有过错的，应当与发行人、上市公司承担连带赔偿责任。

第七章

不正当交易的管制

第一节　内幕交易

【规则要点】

内幕交易，是指从事交易的一方知道某种影响证券价格的重要信息，在社会公众和交易对方都不知情的情况下买卖证券，从中牟利。证券法上的内幕交易，必定是一方知情而另一方不知情的交易。其中知情是指知道内幕信息；内幕信息是指尚未公开的、一旦公开便会对证券的价格发生显著影响的；掌握了内部信息的人称为内部人，或称内幕人员。

中国法律明确禁止证券交易内幕信息的知情人和非法获取内幕信息的人利用内幕信息从事证券交易活动。

【理解与适用】

一、内幕信息的范围

内幕信息具有两大特点：一是对价格有重大影响，即对投资者的投资决策有着举足轻重影响的价格信息；二是尚未公开，社会公众不知情且交易对方不知情。证券法的内幕交易必定是仅有一方知情从而利用信息优势的行为。

证券法第75条用概括和列举的方式对内幕信息定义如下。

（一）证券交易活动中，涉及公司的经营、财务或者对该公司证券的市场价格有重大影响的尚未公开的信息，为内幕信息。

（二）下列信息皆属内幕信息：

1. 证券法第67条第2款所列十二项重大事件；

2. 公司分配股利或者增资的计划；

3. 公司股权结构的重大变化；

4. 公司债务担保的重大变更；

5. 公司营业用主要资产的抵押、出售或者报废一次超过该资产的30%；

6. 公司的董事、监事、高级管理人员的行为可能依法承担重大损害赔偿责任；

7. 上市公司收购的有关方案；

8. 国务院证券监督管理机构认定的对证券交易价格有显著影响的其他重要信息。

二、知情人的范围

（一）知情人的基本形态

知情人包括合法知情人和非法知情人两种。

1. 合法知情人

证券法第74条规定了证券交易内幕信息的合法知情人范围。

其中，发行人及大股东的董事、监事、高级管理人员与公司法第141条和证券法第47条关于短线交易的规定相同，应当作相同适用，均仅以客观标准推定其为内幕交易，不需要证明为内幕交易；公司董事会不按照规定执行的，公司的实际控制人及其董事、监事、高级管理人员，应适用一般禁止性规定，需要证明他利用内幕信息实施了交易。

2. 非法知情人

非法知情人，是指故意且非法获取内幕信息的人。当非法知情人形成对内幕信息的实际占有，应视为知情人并应承担法定义务。证券法第76条作出了进一步规定，证券交易内幕信息的知情人和非法获取内幕信息的人，在内幕信息公开前，不得买卖该公司的证券，或者泄露该信息，或者建议他人买卖该证券。

3. 知情人的法定义务

知情人依法承担保密义务、禁止买卖义务和其他法定义务：

（1）禁止买卖：知情人不得买进、卖出与内幕信息有关的证券。知情人无论是否利用内幕信息买卖证券，无论其知悉证券内幕信息的时间，无论买卖证券目的如何，均不得买卖该种证券。

（2）禁止泄露：知情人不得将内幕信息泄露给他人。

（3）禁止建议：知情人不得建议他人买卖与内幕信息有关的证券。

三、知情人的法律责任

（一）知情人的民事责任

证券法第76条第3款作了原则性的规定："内幕交易行为给投资者造成损失的，行为人应当依法承担赔偿责任。"但是对于具体赔偿的数量、赔偿的对象等问题却缺乏具体规定。

在确定内幕交易的民事责任时，被告是内幕交易的行为人，而凡是与知情人从事相反交易的投资者，都可以充当原告。根据证券法倡导的平等占有信息的公平原则，交易的对方在与内幕人交易时有权获知同样的信息，内部人有义务向对方公开内幕信息，其沉默或不公开侵犯了交易对方的知情权。因此内部人应当赔偿交易对方遭受的损失，且损失等于内部人从内幕交易中获得的利益，评判时需要斟酌以下因素：

1. 内幕交易数量

如果内幕交易成交量足以对证券交易价格产生影响，即可将由此导致的差价损失计算为投资者损失。

2. 内幕交易时间

内幕交易是依据尚未公开的信息从事的证券交易。计算投资者损失的截止日期应当先定位内幕信息公开之日，投资者在内幕信息公开前遭受的损失才是可予赔偿的损失。

由于证券市场的匿名性，真正遭受损害的投资者难以知道对方的内幕人身份；同样，遭受损失的公众投资者人数众多，《中华人民共和国民事诉讼法》尚未规定集团诉讼，即可以采取在同段时间内允许所有与交易对方处于相同地位的人登记为交易对方的做法，只是在损害后果计算上以被告获得的实际盈利为准，而不是以全体原告在交易中发生的实际损失为准。

按照被告所获得的实际盈利计算赔偿数额的方法在美国证券法中被称为“呕吐标准”。因为如果按照公众投资者的交易损失来计算赔偿数额，实际上是让大批从事交易的公众投资者获取了不该获取的意外利益，惩罚与行为的危害程度失去了恰当的比例，有违公平原则。只有按照被告获得的实际盈利作为赔偿数额才更加合理。

（二）知情人的行政责任

证券法第 202 条规定，证券交易内幕信息的知情人或者非法获取内幕信息的人，在涉及证券的发行、交易或者其他对证券的价格有重大影响的信息公开前，买卖该证券，或者泄露该信息，或者建议他人买卖该证券的，责令依法处理非法持有的证券，没收违法所得，并处以违法所得 1 倍以上 5 倍以下的罚款；没有违法所得或者违法所得不足人民币 3 万元的，处以人民币 3 万元以上 60 万元以下的罚款。单位从事内幕交易的，还应当对直接负责的主管人员和其他直接责任人员给予警告，并处以人民币 3 万元以上 30 万元以下的罚款。证券监督管理机构工作人员进行内幕交易的，从重处罚。

（三）知情人的刑事责任

《中华人民共和国刑法》第 180 条规定，证券、期货交易内幕信息的知情人员或者非法获取证券、期货交易内幕信息的人员，在涉及证券的发行，证券、期货交易或者其他对证券、期货交易价格有重大影响的信息尚未公开前，买入或者卖出该证券，或者从事与该内幕信息有关的期货交易，或者泄露该信息，或者明示、暗示他人从事上述交易活动，情节严重的，处 5 年以下有期徒刑或者拘役，并处或者单处违法所得 1 倍以上 5 倍以下罚金；情节特别严重的，处 5 年以上 10 年以下有期徒刑，并处违法所得 1 倍以上 5 倍以下罚金。单位犯前款罪的，对单位判处罚金，并对其直接负责的主管人员和其他直接责任人员，处 5 年以下有期徒刑或者拘役。内幕信息、知情人员的范围，依照法律、行政法规的规定确定。

【相关案例】

案例1　利用内幕信息交易案

1993年9月16日晚，中国农业银行襄樊市信托投资公司上海证券业务部与深圳华阳保健用品公司双方业务人员洽谈业务时，谈及深圳华阳将大量购进上海延中实业股份有限公司股票的内容，襄樊上证得知这一内幕信息后，即于1993年9月17日至27日分3次自营购入上海延中股票并于10月7日高价抛出。本案中：上述洽谈内容属于内幕信息，一是该消息当时尚未公开；二是该消息如果被公开足以使他人对延中实业股票的投资价值、未来走势重新进行评估，从而导致股票价格波动，因此该消息应属重大信息。

案例2　内幕信息的知情人违规交易案

向某为厦门建发的董事，在任职期间未申报其持有的“厦门建发”股票的情况。厦门建发于2001年7月28日发出召开董事会的通知，内容为定于8月7日召开董事会审议“厦门建发”2001年增发新股等情况。2001年8月3日，向某卖出5000股其持有的“厦门建发”股票。本案中：厦门建发的董事会通知为证券法第75条规定的内幕信息，向某为第74条规定的内幕信息的知情人员。在该内幕信息公开之前，向某于2001年8月3日卖出5000股其持有的“厦门建发”股票的行为，违反了证券法第76条、第73条的规定。

【法条指引】

中华人民共和国证券法（节录）

第七十四条　证券交易内幕信息的知情人包括：

（一）发行人的董事、监事、高级管理人员；

（二）持有公司百分之五以上股份的股东及其董事、监事、高级管理人员，公司的实际控制人及其董事、监事、高级管理人员；

（三）发行人控股的公司及其董事、监事、高级管理人员；

（四）由于所任公司职务可以获取公司有关内幕信息的人员；

（五）证券监督管理机构工作人员以及由于法定职责对证券的发行、交易进行管理的其他人员；

（六）保荐人、承销的证券公司、证券交易所、证券登记结算机构、证券服务机构的有关人员；

（七）国务院证券监督管理机构规定的其他人。

第七十六条 证券交易内幕信息的知情人和非法获取内幕信息的人，在内幕信息公开前，不得买卖该公司的证券，或者泄露该信息，或者建议他人买卖该证券。

持有或者通过协议、其他安排与他人共同持有公司百分之五以上股份的自然人、法人、其他组织收购上市公司的股份，本法另有规定的，适用其规定。

内幕交易行为给投资者造成损失的，行为人应当依法承担赔偿责任。

第二节 操纵市场

【规则要点】

操纵市场，是指利用资金优势、信息优势或者滥用职权，影响证券市场价格，诱使投资者买卖证券，扰乱证券市场秩序的行为。证券法列举了四种操纵市场行为：单独与联合连续买卖、串通相互买卖、冲洗买卖或自买自卖、其他操纵行为。

【理解与适用】

一、操纵市场的行为类型

证券法第77条列举了四种操纵市场行为：单独与联合连续买卖、串通相互买卖、冲洗买卖或自买自卖、其他操纵行为。

（一）单独与联合连续买卖

单独与联合连续买卖，是指单独或者通过合谋，集中资金优势、持股优势或者利用信息优势联合或者连续买卖，操纵证券交易价格或者证券交易量，是一种实买实卖的炒作行为。

其构成要件如下：

1. 利用优势

这里的优势，包括资金优势、持股优势、信息优势。集中资金优势、持股优势都是真实的用金钱或者证券进行买卖；利用信息优势并不是散布信息而是拥有别人不知道的信息和秘密供自己使用。

2. 连续交易

连续买卖以特定时间内发生连续交易为限。根据参加的人数不同，连续买卖分为单人参加的单独连续买卖和多人联合实施的联合持续买卖。

3. 价格幅度

连续买卖是典型的价格操纵手段，只有行为人的连续买卖行为能够对某种证券价格产生显著影响，才可认定是操纵市场。为了在证券交易中防止交易价格的暴涨暴跌和过度投机行为，中国设立了涨停板制度。在中国A股市场，均设有涨幅和跌幅的限制，某一股票一个工作日上涨和下降都不得超过10%。10%的涨幅、跌幅是针对上一交易日股价而言。因此，可以以此为参考价格影响幅度。

（二）串通相互买卖

串通相互买卖，是指与他人串通，以事先约定的时间、价格和方式相互进行证券交易，影响证券交易价格或者证券交易量。串通买卖必须存在相互串通的两方以上的行为人，共同实施且有意联络；必须是对同一种证券的相互买卖；必须有相互买卖的可能性。

串通买卖是虚买虚卖行为，只是通过串通交易来影响成交数量和价格，但行为人并没有使用资金进行实际的买卖行为。

（三）冲洗买卖或自买自卖

冲洗买卖也是一种虚买虚卖行为，被证券法定义为在自己实际控制的账户之间进行证券交易，是以自己为交易对象，进行不转移所有权的自买自卖，影响交易价格或者证券交易量。冲洗买卖的核心是某一行为人为影响证券交易价格或证券交易量，自己同时充当证券买卖的双方。

冲洗买卖的核心是对证券账户的实际控制权。行为人实际控制的证券账户类型包括：

1. 行为人自己的账户；

2. 信托账户，即行为人根据信托合同管理的证券账户；

3. 全权委托账户，证券法禁止证券公司接受全权委托；

4. 关联人账户，即行为人与其他有关联关系的人开立的账户；

5. 盗用账户，包括证券公司及行为人盗用的客户账户。

冲洗买卖引起了证券权利的法律变动，但是并没有引起证券权利的事实转让，因此是一种虚买虚卖行为。在普通民商事法律行为中，所有权转移通常采用交付或登记的形式主义标准。但在证券法中，证券所有权的转移分为形式转移和实质转移。一般意义上，证券法所有权转移是以办理完毕过户登记为识别标准，只有卖方证券过户于买方名下才视为证券所有权转移完毕。但是在认定是否构成操纵市场时，所有权转移系采用实质标准。即使证券未完成过户登记手续，如果出卖人实际掌管了买受人账户，有权处置该账户内的证券，就视为“转移所有权”。

（四）其他操纵行为

在其他操纵行为中，散布虚假信息给投资者造成损失的，行为人应当依法承担赔偿责任。市场价格是各种信息的综合反映，是市场根据所有能够得到的信息对证券价值作出的评估。新的利好信息或者利空信息的不断出现都会被市场吸收并给出新的评估和价格。

中国规定的行为主体范围较大，不但包括证券公司，而且包括了新闻媒体以及所有证券业内的机构和人员。因为除了发行人与大量持股的机构相互串通，新闻媒体尤其是一些评股人士利用自己的影响力与券商相互勾结也会严重影响市场。

二、操纵市场的法律责任

（一）法律责任的构成

1. 责任主体

即实施了操纵市场的证券交易的参加者，没有从事证券买卖交易的不是操纵市场的责任主体。

2. 行为要件

必须存在具体的交易行为。仅仅通过散布不实信息和虚假陈述误导投资者但未进行证券交易的，不应认定为操纵市场。

3. 主观要件

证券法并未明确规定市场操纵者的主观构成要件，可比较美国证券法规定其行为的目的是引诱他人购买或者销售该种证券。

(二) 法律责任的种类

1. 民事责任

操纵证券市场行为给投资者造成损失的，行为人应当依法承担赔偿责任。在法律适用方面，将面临前述内幕交易民事责任规则相同或者相似的问题。

参照《美国1934年证券交易法》第9条e款对此规定，“应当对任何买卖这种证券的人承担民事责任”，任何受损害的人都可以起诉操纵市场者。对该条规定应当作广义理解：“投资者”是指在被告操纵市场期间被告之外的任何买卖这种证券的人；且任何这类主体均享有诉权。

2. 行政责任

证券法第203条规定，违反本法规定，操纵证券市场的，责令依法处理非法持有的证券，没收违法所得，并处以违法所得1倍以上5倍以下的罚款；没有违法所得或者违法所得不足人民币30万元的，处以人民币30万元以上300万元以下的罚款。单位操纵证券市场的，还应当对直接负责的主管人员和其他直接责任人员给以警告，并处以人民币10万元以上60万元以下的罚款。

3. 刑事责任

刑法第182条规定，有以上讨论的4种情形之一，操纵证券、期货市场，情节严重的，处5年以下有期徒刑或者拘役，并处或者单处罚金；情节特别严重的，处5年以上10年以下有期徒刑，并处罚金。单位犯前款罪的，对单位判处罚金，并对其直接负责的主管人员和其他直接责任人员，依照前款的规定处罚。

【相关案例】

操纵市场交易案

1998年11月至2001年1月间，吕某与朱某合伙操纵深圳康达尔股份有限公司的流通股，双方签订了合作协议，并按约定比例共同持有0048股票。在操纵0048股票的过程中，张某、王某等人根据吕某的指令，在商定了

0048股票交易的时间、价位、数量后，利用开设的多个证券交易账户和股东账户，集中资金优势、持股优势，联合、连续对0048股票进行不转移所有权的自买自卖等操纵活动，严重影响了0048股票的交易价格和交易量。本案中，吕某等人以单位或个人名义先后在120余家证券营业部开设股东账户1500余个，并利用开设的多个证券交易账户和股东账户，集中资金优势、持股优势，联合、连续对0048股票进行不转移所有权的自买自卖等操纵活动。据此，法院认为其行为构成证券法第77条所规定的操纵市场行为，应承担法律责任。

【法条指引】

中华人民共和国证券法（节录）

第七十七条第一款　禁止任何人以下列手段操纵证券市场：

（一）单独或者通过合谋，集中资金优势、持股优势或者利用信息优势联合或者连续买卖，操纵证券交易价格或者证券交易量；

（二）与他人串通，以事先约定的时间、价格和方式相互进行证券交易，影响证券交易价格或者证券交易量；

（三）在自己实际控制的账户之间进行证券交易，影响证券交易价格或者证券交易量；

（四）以其他手段操纵证券市场。

第七十八条　禁止国家工作人员、传播媒介从业人员和有关人员编造、传播虚假信息，扰乱证券市场。

禁止证券交易所、证券公司、证券登记结算机构、证券服务机构及其从业人员，证券业协会、证券监督管理机构及其工作人员，在证券交易活动中作出虚假陈述或者信息误导。

各种传播媒介传播证券市场信息必须真实、客观，禁止误导。

第三节　欺诈客户

【规则要点】

欺诈客户，是指证券公司在为客户买卖证券的过程中实施的种种损害客户利益的行为，该行为仅限于证券公司与客户的关系，违法主体限于为客户买卖证券的经纪人。

【理解与适用】

一、欺诈客户的行为类型

证券法第 79 条列举 7 种情况予以禁止：

1. 违背客户的委托为其买卖证券

违背客户的委托，是指客户作了买卖证券的委托，但是证券公司没有完全按照客户的委托办理。客户法律关系是一种概括的委托关系，在法律适用上，证券法有特别规定的，应适用证券法的有关规定；证券法没有特别规定的，适用《中华人民共和国合同法》。因此，违背客户的委托为其买卖证券的行为也是一种明显的违约行为，客户可以按照合同法起诉。

2. 不在规定时间内向客户提供交易的书面确认文件

证券法第 141 条从正面规定了证券公司应如实记录并在买卖成交后，应当按照规定制作买卖成交报告单交付客户。在实践中，交易的书面确认文件以交割单的形式出现，详细记载着一笔交易的品种、数量、价格、金额、佣金数额等。证券公司一般与客户都会具体约定领取交割单的日期，获取交割单是客户的权利。只要证券公司能够按时提供，就符合法律的要求。

3. 挪用客户所委托买卖的证券或者客户账户上的资金

证券法第 139 条第 1 款规定："证券公司客户的交易结算资金应当存放在商业银行，以每个客户的名义单独立户管理。具体办法和实施步骤由国务院规定。"按照信托财产隔离原则，证券公司不得将客户的交易结算资金和证券归入其自有财产。禁止任何单位或者个人以任何形式挪用客户的交易结算资金和证券。

除此之外，根据证券法第 134 条的规定："国家设立证券投资者保护基金。证券投资者保护基金由证券公司缴纳的资金及其他依法筹集的资金组成，其筹集、管理和使用的具体办法由国务院规定。"证券投资者保护基金能够在证券公司无法偿还挪用客户资金而破产时支付给投资者。

4. 未经客户的委托，擅自为客户买卖证券，或者假借客户的名义买卖证券

这种情形，实际上是证券公司并没有获得代理权，是一种无权代理行为。证券公司的无权代理行为分为两种情况：

（1）在没有得到客户同意的情况下，擅自用客户的资金和证券为客户买卖证券。如果得到客户的同意而没有完全按照客户的授意办，那就属于违背客户委托的情形。如果不是为客户买卖而是为自己买卖，就属于挪用客户的资金。此处的情形则是客户根本没有委托，客户完全不知情。

（2）证券公司用自己的自有资金，仅仅借用客户的账号为自己买卖证券。由于没有动用客户的资金或证券，因而也不会影响客户的利益。与此相关的是证券法第137条第1款："证券公司的自营业务必须以自己的名义进行，不得假借他人名义或者以个人名义进行。"证券公司之所以要借用客户或他人的账号，是因为证券公司企图规避法律上的一些限制，如证券法规定，投资者持有一个上市公司已发行股份的5%时，应在3日内履行报告、通知和公告义务且在此期间内不得再行买卖该公司的股票。

5. 为牟取佣金收入，诱使客户进行不必要的证券买卖

为了获取较多的佣金利益，证券公司可能利用客户缺乏专业知识的不正当手段来诱使投资者进行大量的、频繁的也就是不必要的交易。但在实践当中，证明诱使买卖证券具有一定的难度。

6. 利用传播媒介或者通过其他方式提供、传播虚假或者误导投资者的信息

在此种情况下，如果客户没有因虚假、误导性信息而参与交易，则没有赔偿责任，但是监管机关可以予以处罚。

7. 其他违背客户真实意思表示，损害客户利益的行为

欺诈客户行为给客户造成损失的，行为人应当依法承担赔偿责任。

二、欺诈客户的法律责任

（一）民事责任

证券法规定，欺诈客户行为给客户造成损失的，行为人应当依法承担赔偿责任。证券公司违背客户的委托买卖证券、办理交易事项，或者违背

客户真实意思表示，办理交易以外的其他事项给客户造成损失的，依法承担赔偿责任。

客户账户内的证券和资产属于客户所有，证券公司只是客户证券及资金账户的受托管理人。欺诈客户行为不仅违反了委托协议义务，同时构成了对客户合法财产权益的侵害。根据合同法，客户可以选择按照违约责任或者侵权责任要求证券公司承担民事责任。

（二）行政责任

证券公司违背客户的委托买卖证券、办理交易事项，或者违背客户真实意思表示，办理交易以外的其他事项的，责令改正，处以1万元以上10万元以下的罚款；给客户造成损失的，依法承担赔偿责任。证券公司、证券登记结算机构挪用客户的资金或者证券，或者未经客户的委托，擅自为客户买卖证券的，责令改正，没收违法所得，并处以违法所得1倍以上5倍以下的罚款；没有违法所得或者违法所得不足10万元的，处以10万元以上60万元以下的罚款；情节严重的，责令关闭或者撤销相关业务许可。对直接负责的主管人员和其他直接责任人员给予警告，撤销任职资格或者证券从业资格，并处以3万元以上30万元以下的罚款。

（三）刑事责任

刑法第185条之一规定，商业银行、证券交易所、期货交易所、证券公司、期货经纪公司、保险公司或者其他金融机构，违背受托义务，擅自运用客户资金或者其他委托、信托的财产，情节严重的，对单位判处罚金，并对其直接负责的主管人员和其他直接责任人员，处3年以下有期徒刑或者拘役，并处3万元以上30万元以下罚金；情节特别严重的，处3年以上10年以下有期徒刑，并处5万元以上50万元以下罚金。

【法条指引】

中华人民共和国证券法（节录）

第七十九条第一款 禁止证券公司及其从业人员从事下列损害客户利益的欺诈行为：

（一）违背客户的委托为其买卖证券；

（二）不在规定时间内向客户提供交易的书面确认文件；

（三）挪用客户所委托买卖的证券或者客户账户上的资金；

（四）未经客户的委托，擅自为客户买卖证券，或者假借客户的名义买卖证券；

（五）为牟取佣金收入，诱使客户进行不必要的证券买卖；

（六）利用传播媒介或者通过其他方式提供、传播虚假或者误导投资者的信息；

（七）其他违背客户真实意思表示，损害客户利益的行为。

第八章

上市公司收购制度

第一节　上市公司收购类型

【规则要点】

上市公司的收购是指收购人买入或者以其他方式取得上市公司股票的特殊证券交易。在狭义上，上市公司收购是收购人通过收购股份，持有上市公司发行在外股份30%以上，导致收购人获得对该公司的实际控制权；在广义上，上市公司收购还包括投资者继续买卖证券的活动，即投资者在持有上市公司发行在外股份的5%以上，并继续买卖该种证券的活动，也称为“继续买卖”或者“一般收购”。证券法第四章并列规定了上市公司的收购和继续收购。

公司收购的主体是收购人和被收购公司，即目标公司。收购的结果是收购人取得了控制权，原股东得到了高额的回报，而经理层往往会被全部撤换。因此，在公司收购中往往存在收购人利益、目标公司利益以及相关人私人利益的冲突，各种防御性措施也应运而生。

上市公司收购，按不同标准可以有不同分类。

【理解与适用】

一、友好收购与敌意收购

按照是否得到公司管理层的配合，可将公司收购分为友好收购和敌意收购。友好收购是指在公司管理层提供合作条件下实施的公司收购；敌意收购是在管理层不知情，甚至是反对收购情况下实施的收购。

二、继续买卖与继续收购

根据投资者已持有的股票数量，可将公司收购分为继续买卖和继续收购。

（一）继续买卖

继续买卖，是指投资者单独或者合并持有上市公司发行在外5%以上的股份，并继续买进或者卖出该种股票的行为，通常不影响上市公司的控制权。证券法第四章“上市公司的收购”第85条至第87条集中规定了继续买卖。由于收购公司既可能在短时间内迅速收购，也可能慢慢地累计购买。证券法将5%作为法定报告义务的临界点，就是认为持股达到这个比例，就具有了取得控制权的嫌疑，因此需要持股人实现亮出底牌，让市场和投资者有所准备，认清股票的潜在价值。

（二）继续收购

继续收购，是指持有上市公司发行在外30%以上股份的投资者继续收购该公司股票的行为。持有上市公司发行在外30%以上股份通常就意味着取得了对公司的股权，自然需要严格加以规制。

三、要约收购与协议收购

根据收购的具体方式不同，投资者可以采取要约收购、协议收购及其他合法方式收购上市公司。

（一）要约收购

要约收购，是指已经或者计划获得公司股份达到公司已经发行股票30%的发行者，向该公司所有股东发出收购要约并收购其所持有全部或者部分股份的行为。无论某投资者已持有上市公司发行股份的30%并准备继续增加持有对该公司的股份还是持股不足30%但准备一次性再次取得公司发行股份而达到30%的比例，其增股行为均为要约收购。要约收购公司的条件划一，卖方无法提出适合自身特点的个性化条件，主要靠价格取胜，往往是一种敌意收购。

（二）协议收购

协议收购，是指收购人与公司股东签订并实施公司收购协议或者股份转让协议，取得公司股东所持股份的行为。协议收购是面对面谈判，建立在双方充分协商的基础上，往往是友好收购。

（三）间接收购

间接收购，是指公司股东以外的收购方，通过投资者关系、协议、其他安排导致其拥有权益的股份达到或者超过上市公司发行股份的5%或30%，同样需要遵守上市公司的收购规则。

（四）其他方式

除上述方式，收购行为还包括集中竞价交易、裁决转让、大宗交易、行政划拨、继承和赠予等方式，包括借助公司合并进行的公司收购。

四、自愿收购与强制收购

根据收购是否属于法定义务为标准，可以分为自愿收购与强制收购。

（一）自愿收购

自愿收购，是指由收购方按照自己的意志，在规定时间按照自己确定的数量进行收购。自愿收购一般对收购人比较有利。

（二）强制收购

强制收购，是指收购人依照法律规定必须收购或者必须继续收购，往往对公司股东比较有利。证券法第97条第1款规定："收购期限届满，被收购公司股权分布不符合上市条件的，该上市公司的股票应当由证券交易所依法终止上市交易；其余仍持有被收购公司股票的股东，有权向收购人以收购要约的同等条件出售其股票，收购人应当收购。"

【法条指引】

中华人民共和国证券法（节录）

第八十五条 投资者可以采取要约收购、协议收购及其他合法方式收购上市公司。

第九十三条 采取要约收购方式的，收购人在收购期限内，不得卖出被收购公司的股票，也不得采取要约规定以外的形式和超出要约的条件买入被收购公司的股票。

第九十四条 采取协议收购方式的，收购人可以依照法律、行政法规的规定同被收购公司的股东以协议方式进行股份转让。

以协议方式收购上市公司时，达成协议后，收购人必须在三日内将该收购协议向国务院证券监督管理机构及证券交易所作出书面报告，并予公告。

在公告前不得履行收购协议。

第九十五条 采取协议收购方式的，协议双方可以临时委托证券登记结算机构保管协议转让的股票，并将资金存放于指定的银行。

第九十六条 采取协议收购方式的，收购人收购或者通过协议、其他安排与他人共同收购一个上市公司已发行的股份达到百分之三十时，继续进行收购的，应当向该上市公司所有股东发出收购上市公司全部或者部分股份的要约。但是，经国务院证券监督管理机构免除发出要约的除外。

收购人依照前款规定以要约方式收购上市公司股份，应当遵守本法第八十九条至第九十三条的规定。

第九十九条 收购行为完成后，收购人与被收购公司合并，并将该公司解散的，被解散公司的原有股票由收购人依法更换。

第二节 继续收购

【规则要点】

继续收购，是指已经持有上市公司已发行股份30%的投资者继续收购一个上市公司股票的行为。继续收购属于自愿收购，继续收购人所持股份超过公司股本总额的30%，收购者有权决定是否继续收购。

通过证券交易所的证券交易，投资者持有或者通过协议、其他安排与他人共同持有一个上市公司已发行的股份达到30%时，继续进行收购的，应当依法向该上市公司所有股东发出收购上市公司全部或者部分股份的要约。

【理解与适用】

一、继续收购的特征

（一）继续收购只能采用收购要约的收购形式

根据证券法的规定，在继续收购中，收购人除非获得证监会的豁免，只能采取收购要约的收购形式。但在继续买卖中，投资者可以采取集中竞价交易、协议转让、大宗交易等多种收购方式。

（二）继续收购是收购人与公司全体股东之间发生的股票交易

在继续收购中，除证监会豁免者，收购人应当向公司全体股东发出收购要约，公司全体股东都有权将所持股份出售给收购人。收购上市公司部分股份的收购要约应当约定，被收购公司股东承诺出售的股份数额超过预定收购的股份数额的，收购人按比例进行收购。

继续收购采取报价交易机制，收购要约应当提出收购价格和条件，凡是承诺接受收购价格或者条件的股东，均可向收购人出售所持股票。

（三）继续收购是一次性交易

收购人继续收购无须再增持公司股份5%时暂停收购，在发出收购要约后，可以一次性取得较大比例的股份。

（四）继续收购特定公司须获得法定机构的审核或者批准

根据证券法第101条第1款规定，收购上市公司中由国家授权投资的机构持有的股份，应当按照国务院的规定，经有关主管部门批准。

二、要约收购

证券法采取了以要约收购为主，以其他收购方式为辅的继续收购模式。要约收购是通过公开的方式向目标公司的全体股东要约，以高出市场价的价格在较短时间内用现金或者证券作为对价收购其股票。承诺是要约收购的基本形式。目标公司股东有权依据收购要约的内容，按照自己的意志决定是否接受。

（一）收购要约的分类

1. 全面要约和部分要约

无论投资者自愿选择以要约方式收购上市公司股份的，还是已持有该公司已发行股份30%以上的，均既可以向被收购公司所有股东发出收购其所持有的全部股份的要约，也可以向被收购公司所有股东发出收购其所持有的部分股份的要约。

2. 初始要约和竞争要约

初始要约，是指由最初提出要约收购的收购人提出的收购要约；竞争要约，是指在初始要约发出后，其他投资者向同一上市公司投资者发出的新的要约。竞争要约的提出有助于合理反映证券市场的竞争关系，有利于反映初始要约对投资者的利弊。

（二）要约收购的强制规则

进行要约收购的，应当遵守一系列强制性规定。

1. 履行公开义务

公开义务的履行是进行要约收购的前提。收购人应当编制要约收购报告书，通知被收购公司同时对要约收购报告书摘要作出提示性公告；应当取得相关部门批准的，收购人应当在摘要中作出特别提示，并在取得批准后公告要约收购报告书。

根据《上市公司收购管理办法》，在作出提示性公告之后，公开要约收购报告书之前，应当定期履行通知义务。

2. 预定收购的股份要达到一定比例

根据《上市公司收购管理办法》第 25 条规定，以要约方式收购一个上市公司股份的，其预定收购的股份比例均不得低于该上市公司已发行股份的 5%。

3. 收购要约的时间须符合法律规定

证券法第 90 条以及《上市公司收购管理办法》规定，收购要约约定的收购期限不得少于 30 日，并不得超过 60 日，出现竞争要约的除外。

4. 要约在有效期内不得撤回

根据证券法第 91 条和《上市公司收购管理办法》第 39 条规定，承诺期限内收购人不得撤销要约；但是赋予了预受股东撤回其交售股票的权利。预受，是指被收购公司股东同意接受要约的初步意思表示，预受股东可以在要约收购期限届满 3 个交易日前撤回预售，即撤回已经预售的股票。这反映了证券法保护投资者的精神。

5. 收购要约可变更内容，但须符合法律规定

收购人需要变更收购要约的，必须及时公告，载明具体变更事项，并通知被收购公司。《上市公司收购管理办法》第 40 条规定，收购要约期限届满前 15 日内，收购人不得变更收购要约；但是出现竞争要约的除外。

6. 收购人不得卖出被收购公司股票

证券法第 93 条规定："采取要约收购方式的，收购人在收购期限内，不得卖出被收购公司的股票，也不得采取要约规定以外的形式和超出要约

的条件买入被收购公司的股票。”这主要是防止收购人通过这种方式压低二级市场上的估价，迫使犹豫中的股东交售股票。

三、收购要约的具体程序

收购要约一般有以下基本程序：

（一）选定目标

目标是根据收购人的不同需要来确定，并且收购人还需要通过大量的资料、情报收集进行可行性研究。

（二）悄悄购买

收购公司往往会在收购要约之前先在法律许可的范围内快速而保密地在市场上购买尽可能多的目标股份，这是为了防止目标公司采取防御措施以及不惊动市场以免引起价格上涨。

对此，证券法第 86 条规定了收购人的持股数量一旦达到目标公司的 5%，就必须在 3 日内向证监会和证券交易所报告，并通知目标公司，在此期间不得再行购买。即使到了 5% 这个不得不公开的临界点，在公开后目标公司反对收购，收购人也可以以多种方式继续购买股份：可以向目标的全体股东发出收购要约；也可以在 3 天禁买期之后继续购买；还可以通过私下协议向某些大股东包括持股机构购买其所持的目标股份。

（三）确定价格并筹集资金

为了吸引股东，收购要约中的价格一般都远远高于市场的价格。在价格市场上，价格是唯一的吸引力。有时候要约会引来竞争，多个收购人可能会相互竞价。

资金的筹集可以部分地来自商业银行，但是主要部分一般来自投资银行。投资银行有广泛的客户网络和市场信息，会选择富有投资能力的客户，并且愿意承担风险以换取较高的收益。

在公司的组织形式上，收购人一般需要先成立一个壳公司，以该公司的名义去收购目标股份，收购完毕后将该壳公司与目标公司合并。

（四）施加压力

收购人会采取一些措施、策略来使股东感到必须及时交售，否则将失去盈利的机会。这样做一是为了缩短要约的有效时间，使目标公司来不及防范，可能的收购竞争者来不及发出竞争性要约；二是要约声明只收购部分股份，而且先交售的优先，往往能够引发股东在股票的市场价格下跌之前竞相交售。

为了缓解这种压力，证券法规定了不少于30日的收购期限以及在承诺期内收购人撤销要约行为的禁止。但是交售人可以随时撤回所呈交的股份。根据收购条件平等适用于所有股东的原则，交售的股份超过收购的股份数量时，应当对每个股东按比例分摊。

收购人通常会使用的手段是"两层要约"：前头部分收购价格远高于市价，一般支付现金；后头部分通过合并收购剩余的股份，价格较低，一般支付债券。前头部分的成功保证了后头部分的成功，后头部分的压力促成了前头部分的成功，前后相互促进。

四、要约收购的豁免

豁免要约收购，是指收购人在实施可触发法定要约收购的增持行为时，依法免除发出收购要约义务。

（一）证券监督管理委员会在《上市公司收购管理办法》中对上市公司要约收购豁免情形作了细致规定。根据《上市公司收购管理办法》第62条的规定，有下列情形之一的，收购人可以向中国证监会提出豁免申请。

1. 收购人与出让人能够证明本次股份转让是在同一实际控制人控制的不同主体之间进行，未导致上市公司的实际控制人发生变化。

2. 上市公司面临严重财务困难，收购人提出的挽救公司的重组方案取得该公司股东大会批准，且收购人承诺3年内不转让其在该公司中所拥有的权益。借壳上市的收购者通常利用本条款达到豁免要约收购义务。

3. 中国证监会为适应证券市场发展变化和保护投资者合法权益的需要而认定的其他情形。本条是扩展条款，表明中国证监会有权根据证券市场发展变化增加新的豁免情形。

（二）根据《上市公司收购管理办法》规定，有下列情形之一的，投资者可以向中国证监会提出免于发出要约的申请，中国证监会自收到符合规定的申请文件之日起10个工作日内未提出异议的，相关投资者可以向证券交易所和证券登记结算机构申请办理股份转让和过户登记手续；中国证监会不同意其申请的，相关投资者应当按照《上市公司收购管理办法》第61条的规定办理。

1. 经政府或者国有资产管理部门批准进行国有资产无偿划转、变更、合并，导致投资者在一个上市公司中拥有权益的股份占该公司已发行股份的比例超过 30%；

2. 因上市公司按照股东大会批准的确定价格向特定股东回购股份而减少股本，导致投资者在该公司中拥有权益的股份超过该公司已发行股份的 30%；

3. 中国证监会为适应证券市场发展变化和保护投资者合法权益的需要而认定的其他情形。

（三）有下列情形之一的，相关投资者可以免于按照《上市公司收购管理办法》第 63 条第 1 款规定提交豁免申请，直接向证券交易所和证券登记结算机构申请办理股份转让和过户登记手续。

1. 经上市公司股东大会非关联股东批准，投资者取得上市公司向其发行的新股，导致其在该公司拥有权益的股份超过该公司已发行股份的 30%，投资者承诺 3 年内不转让本次向其发行的新股，且公司股东大会同意投资者免于发出要约；

2. 在一个上市公司中拥有权益的股份达到或者超过该公司已发行股份的 30% 的，自上述事实发生之日起 1 年后，每 12 个月内增持不超过该公司已发行的 2% 的股份；

3. 在一个上市公司中拥有权益的股份达到或者超过该公司已发行股份的 50% 的，继续增加其在该公司拥有的权益不影响该公司的上市地位；

4. 证券公司、银行等金融机构在其经营范围内依法从事承销、贷款等业务导致其持有一个上市公司已发行股份超过 30%，没有实际控制该公司的行为或者意图，并且提出在合理期限内向非关联方转让相关股份的解决方案；

5. 因继承导致在一个上市公司中拥有权益的股份超过该公司已发行股份的 30%；

6. 因履行约定购回式证券交易协议购回上市公司股份导致投资者在一个上市公司中拥有权益的股份超过该公司已发行股份的 30%，并且能够证明标的股份的表决权在协议期间未发生转移；

7. 因所持优先股表决权依法恢复导致投资者在一个上市公司中拥有权益的股份超过该公司已发行股份的 30%。

五、协议收购

协议收购，是指收购人通过私下订立合同的方式购买目标的股份。要约收购的主要对象是广大的中小股东，而协议收购的对象只能是目标的大股东，因为中小股东人数众多而分散，又没有集中统一的代表，无从协议。协议收购不光靠价格，而且有赖于关系的平衡和情感的照顾等多方面的因素。一旦取得目标公司经理层的赞同，收购人便可以向目标股东发出收购要约。这样的收购虽然形式上仍然是要约收购，但本质上是协议收购。

（一）协议收购的成立

合同是协议收购的基本形式。证券法第 94 条第 1 款规定："采取协议收购方式的，收购人可以依照法律、行政法规的规定同被收购公司的股东以协议方式进行股份转让。"根据私法自治的原则，收购协议的成立应当以当事人达成股份收购合意为标志，并应当采取书面方式，达成书面协议，由各方商定交易条件。

（二）协议收购的报告和公告

证券法第 94 条第 2 款、第 3 款规定，以协议方式收购上市公司时，达成协议后，收购人必须在 3 日内将该收购协议向国务院证券监督管理机构及证券交易所作出书面报告，并予公告，在公告前不得履行收购协议。

（三）发出收购要约

根据证券法第 96 条规定，采取协议收购方式的，收购人收购或者通过协议、其他安排与他人共同收购一个上市公司已发行的股份达到 30% 时，继续进行收购的，应当向该上市公司所有股东发出收购上市公司全部或者部分股份的要约。但是，经国务院证券监督管理机构免除发出要约的除外。发出收购要约必须是在已确定收购人持股比例的收购协议签订后，收购协议履行前实施。

（四）收购要约的豁免

《上市公司收购管理办法》第 47 条第 3 款规定："收购人拟通过协议方式收购一个上市公司的股份超过 30% 的，超过 30% 的部分，应当改以要约方式进行；但符合该本办法第六章规定情形的，收购人可以向中国证监会申请免除发出要约。收购人在取得中国证监会豁免后，履行其收购协议；未取得中国证监会豁免且拟继续履行其收购协议的，或者不申请豁免的，在履行其收购协议前，应当发出全面要约。"

《上市公司收购管理办法》第 48 条进一步规定了申请豁免的程序：收购人应当在与上市公司股东达成收购协议之日起 3 日内编制上市公司收购

报告书，提交豁免申请，委托财务顾问向中国证监会、证券交易所提交书面报告，通知被收购公司，并公告上市公司收购报告书摘要。

（五）收购协议的履行

根据证券法第94条规定，只有在依法办理公告手续之后，收购协议各方才能履行收购协议。第95条规定："采取协议收购方式的，协议双方可以临时委托证券登记结算机构保管协议转让的股票，并将资金存放于指定的银行。"

证券登记结算管理机构是负责办理股票过户登记的专门机构，清楚地了解各上市公司的股东及股权变动情况。由该机构临时保管股票，将有助于消除风险；银行是经营货币业务的专门机构，有良好的信誉与财力，作为资金存放处有利于交易安全。这样的安排是为了协议的可靠履行，可以有效规避收购方一方拖欠资金或者交售方将股票转售给善意第三人。

但协议收购应当主要适用私法自治的原则，该规定用语为"可以"，而非强制规定，交易方法均由当事人自主选择。

六、间接收购

根据《上市公司收购管理办法》规定，间接收购是指通过投资关系、协议、其他安排导致收购人拥有权益的股份超过一个上市公司已发行股份的30%的收购行为。

收购人虽不是上市公司的股东，但通过投资关系、协议、其他安排导致其拥有权益的股份达到或者超过一个上市公司已发行股份的5%未超过30%的，应当按照有关继续买卖的规定办理；收购人拥有权益的股份超过该公司已发行股份的30%的，应当按照有关继续收购的规定向该公司所有股东发出全面要约。

间接收购制度的规定，旨在将各种实质意义上的公司收购纳入上市公司收购的监管体系，避免投资借助非典型形式规避上市公司收购规则的约束。值得注意的是，《上市公司收购管理办法》对一种情形作出了特别规定，投资者虽不是上市公司的股东，但通过投资关系取得对上市公司股东的控制权，而受其支配的上市公司股东所持股份达到规定比例、且对该股东的资产和利润构成重大影响的，应当按照规定履行报告、公告义务。

七、继续收购的法律后果

（一）对收购人的法律效果

如果收购成功，收购人有控股或者合并两种选择。控股是指在公司组织形式上让目标公司作为一个独立的主体继续存在，成为收购人的子公司，收购人任命自己的人去替代原来的经理层；而选择合并的收购人一般都预先成立了一个壳公司，以壳公司的名义收购，收购完毕后将目标并入壳公司。

证券法对收购人的投机买卖行为作出了限制，在上市公司收购中，收购人持有的被收购的上市公司的股票，在收购行为完成后的12个月内不得转让。如果收购人在购买了一个公司的控制权之后能够马上倒手出售，很可能发生投机买卖行为。有了12个月的禁卖期，这种行为基本可以杜绝。

（二）对目标公司的法律效果

收购人进行收购的目的通常是取得或者加强对公司的控制权。但是在发出全面要约的场合下，如果大多数股东将所持有的股份出售，就难免影响上市公司的上市资格。

如果收购期限届满，被收购公司股权分布不符合上市条件的，该上市公司的股票应当由证券交易所依法终止上市交易。该条进一步规定了收购人以同等条件强制受让剩余股东股票的特殊义务。

公司被收购失去上市资格时一般不影响公司的股份有限公司资格以及法人资格；但根据公司法的规定，有限责任公司之发起人不得少于2人。如果收购行为完成后收购人取得公司所有股份，被收购公司不再具备股份有限责任公司条件的，应当依法变更企业形式。

根据证券法第99条的规定："收购行为完成后，收购人与被收购公司合并，并将该公司解散的，被解散公司的原有股票由收购人依法更换。"因此，剩余的没有被收购的少数派股份并不能阻挠公司的合并。

【相关案例】

案例1 继续收购完成后终止上市案

2013年6月19日，上市公司金马集团（000602）发布公告称，控股股东神华国能集团有限公司（神华国能）已于2013年6月14日获得中国证监会核准，将正式启动对公司的全面要约收购，以终止金马集团的上市地位。神华国能自2013年6月19日起向金马集团除收购人以外的全体股东发出全面要约，收购其所持有的金马集团股份。截至2013年7月18日，金马集团预受要约的股东为755户，已预受要约且未撤回的股份数量合计为1.54亿股。根据要约收购报告书约定的生效条件，要约收购生效。2013年7月23日，预受要约股份完成过户，神华国能持有金马集团9.51亿股股份，占金马集团股份总数的94.23%，金马集团的股权分布不再满足证券法规定的股票上市条件。金马集团董事会向深交所提出终止上市的申请，经审议通过，该公司股票自2013年8月14日起终止上市。

案例2　协议转让股权豁免案

甲上市公司的控股股东乙公司将其持有的甲公司40%的股份协议转让给丙公司，只要收购人丙公司与出让人乙公司能够证明，乙公司和丙公司均为丁公司的控股子公司，本次转让未导致上市公司的实际控制人发生变化（甲上市公司的实际控制人还是丁公司），就可以向中国证监会申请豁免，取得豁免的，收购人丙公司就可以完成本次增持行为而不用向甲上市公司所有剩余股东发出全面要约。

案例3　重大生产重组豁免案

甲上市公司面临严重财务困难（最近2个会计年度经审计的“净利润”连续为负值，已经被上海证券交易所实施了退市风险警示），甲上市公司的控股股东乙公司后与丙公司达成股权转让协议，乙公司将其持有的甲上市公司40%的股份全部协议转让给丙公司，由丙公司对甲上市公司进行重大资产重组。如果收购人丙公司提出的挽救上市公司的重组方案取得甲上市公司股东大会批准，而且收购人丙公司承诺3年内不转让其持有的甲上市公司的股份，就可以向中国证监会申请豁免，取得豁免的，收购人丙公司就可以完成本次增持行为（丙公司不需要向甲上市公司的所有剩余股东发出全面要约）。

案例4　因总股本减少导致股东持股超过30%豁免案

甲上市公司的总股本为人民币1万亿元。2017年7月1日，甲上市公司按照股东大会批准的确定价格向特定股东丙公司回购了200万股股份，导致甲上市公司的总股本下降至9800万股，乙公司的持股比例因此超过了30%。在本案中，乙公司可以按照简易程序向中国证监会申请豁免。

案例5 承诺3年内不转让股票且股东同意豁免案

乙公司持有甲上市公司25%的股份。经甲上市公司股东大会非关联股东批准，甲上市公司向乙公司非公开发行股票导致乙公司持有甲上市公司的股份将超过上市公司总股本的30%，乙公司将取得对甲上市公司的控制权。在本案中，只要收购人乙公司承诺3年内不转让本次向其发行的新股，且甲上市公司股东大会同意收购人免于发出要约，收购人无须向中国证监会提出豁免申请，直接向证券交易所和证券登记结算机构申请办理股份转让和过户登记手续即可。

案例6 增持不超过2%豁免案

2012年4月1日，乙公司持有甲上市公司的股份达到32%。自2012年4月1日至2013年4月1日期间，乙公司一直未增持甲上市公司的股份。自2013年4月1日至2014年4月1日期间，乙公司只在2014年3月10日从丙公司协议受让了2%的股份。

在本案中：(1) 本次增持免于向中国证监会提出豁免申请，可以直接向证券交易所和证券登记结算机构申请办理股份转让和过户登记手续。(2) 2014年3月10增持的2%的股份，在6个月内不得转让。

案例7 因所持优先股表决权依法恢复导致超过30%豁免案

2014年9月4日，上市公司“江阴中南重工股份有限公司”的控股股东“中南重工集团”将其所持该上市公司股权1000万股质押给国联证券股份有限公司用于办理“股票质押式回购交易业务”（质押期间该股份予以冻结不能转让），初始交易日为2014年9月4日，回购交易日为2015年3月3日。如果至2015年3月3日，中南重工集团因履行“约定购回式证券交易协议”购回该股份（该股份的表决权在协议期间未发生转移），导致其在上市公司中拥有权益的股份超过30%的，无须向中国证监会提出豁免申请，直接向证券交易所和证券登记结算机构申请办理股份转让和过户登记手续即可。

案例8　因所持优先股表决权依法恢复导致超过30%豁免案

甲上市公司的总股份为1亿股（普通股），乙公司持有甲公司30%的股份。2017年7月1日，甲公司向乙公司非公开发行5000万股优先股（发行对象仅为乙公司）。在计算乙公司的持股比例时，优先股不计入，乙公司并未触发要约收购义务。如果甲上市公司累计3个会计年度或者连续2个会计年度未按约定向乙公司支付优先股股息，则乙公司持有的5000万股优先股将全部恢复表决权。此时在计算乙公司的持股比例时，“表决权恢复的优先股”将计入，乙公司的持股比例为53.33%，超过了30%。但是乙公司无须向中国证监会提出豁免申请。

案例9　法国SEB公司收购苏泊尔案

法国SEB公司收购苏泊尔时，SEB公司首先通过“协议转让和定向增发”的方式获得了苏泊尔（正好）30%的股份，然后再向苏泊尔的“所有剩余股东”发出一个“部分要约”，拟收购不高于49122948股，占苏泊尔总股本的22.74%。计划完成后，SEB公司将持有苏泊尔52.74%的股权，并不会引发苏泊尔的退市风险。

【法条指引】

中华人民共和国证券法（节录）

第八十六条第一款　通过证券交易所的证券交易，投资者持有或者通过协议、其他安排与他人共同持有一个上市公司已发行的股份达到百分之五时，应当在该事实发生之日起三日内，向国务院证券监督管理机构、证券交易所作出书面报告，通知该上市公司，并予公告；在上述期限内，不得再行买卖该上市公司的股票。

第八十八条　通过证券交易所的证券交易，投资者持有或者通过协议、其他安排与他人共同持有一个上市公司已发行的股份达到百分之三十时，继续进行收购的，应当依法向该上市公司所有股东发出收购上市公司全部或者部分股份的要约。

收购上市公司部分股份的收购要约应当约定，被收购公司股东承诺出售的股份数额超过预定收购的股份数额的，收购人按比例进行收购。

第九十条 收购要约约定的收购期限不得少于三十日，并不得超过六十日。

第九十一条 在收购要约确定的承诺期限内，收购人不得撤销其收购要约。收购人需要变更收购要约的，必须及时公告，载明具体变更事项。

第九十二条 收购要约提出的各项收购条件，适用于被收购公司的所有股东。

第九十三条 采取要约收购方式的，收购人在收购期限内，不得卖出被收购公司的股票，也不得采取要约规定以外的形式和超出要约的条件买入被收购公司的股票。

第九十四条 采取协议收购方式的，收购人可以依照法律、行政法规的规定同被收购公司的股东以协议方式进行股份转让。

以协议方式收购上市公司时，达成协议后，收购人必须在三日内将该收购协议向国务院证券监督管理机构及证券交易所作出书面报告，并予公告。

在公告前不得履行收购协议。

第九十六条第一款 采取协议收购方式的，收购人收购或者通过协议、其他安排与他人共同收购一个上市公司已发行的股份达到百分之三十时，继续进行收购的，应当向该上市公司所有股东发出收购上市公司全部或者部分股份的要约。但是，经国务院证券监督管理机构免除发出要约的除外。

第九十七条 收购期限届满，被收购公司股权分布不符合上市条件的，该上市公司的股票应当由证券交易所依法终止上市交易；其余仍持有被收购公司股票的股东，有权向收购人以收购要约的同等条件出售其股票，收购人应当收购。

收购行为完成后，被收购公司不再具备股份有限公司条件的，应当依法变更企业形式。

第九十八条 在上市公司收购中，收购人持有的被收购的上市公司的股票，在收购行为完成后的十二个月内不得转让。

第九十九条 收购行为完成后，收购人与被收购公司合并，并将该公司解散的，被解散公司的原有股票由收购人依法更换。

第三节　继续收购的监管

【规则要点】

所谓继续收购，是指已持有上市公司30%以上股票的投资者继续收购上市公司上市股票或非上市股票的行为。继续收购应当遵守权益公开规则，但不受慢走规则约束。继续收购依据收购人在收购要约中提出的收购价格和条件成交，不受集中竞价规则的约束。为保护其他股东和被收购公司利益，法律对收购人资格作了较严格限制，并且要求收购人必须履行一些特定义务。

一、收购人的资格限制

根据《上市公司收购管理办法》规定，任何人不得利用上市公司的收购损害被收购公司及其股东的合法权益。

有下列情形之一的，不得收购上市公司：

1. 收购人负有数额较大债务，到期未清偿，且处于持续状态；

2. 收购人最近3年有重大违法行为或者涉嫌有重大违法行为；

3. 收购人最近3年有严重的证券市场失信行为；

4. 收购人为自然人，存在有下列情形之一的：

（1）无民事行为能力或者限制民事行为能力；

（2）因贪污、贿赂、侵占财产、挪用财产或者破坏社会主义市场经济秩序，被判处刑罚，执行期满未逾5年，或者因犯罪被剥夺政治权利，执行期满未逾5年；

（3）担任破产清算的公司、企业的董事或者厂长、经理，对该公司、企业的破产负有个人责任的，自该公司、企业破产清算完结之日起未逾3年；

（4）担任因违法被吊销营业执照、责令关闭的公司、企业的法定代表人，并负有个人责任的，自该公司、企业被吊销营业执照之日起未逾3年；

（5）个人所负数额较大的债务到期未清偿。

5. 法律、行政法规规定以及中国证监会认定的不得收购上市公司的其他情形。

二、收购人的特别义务

收购人具有特殊的优越地位：一方面，收购人直接或者间接持有较高比例的公司股份，可以影响公司股票价格涨跌，可以影响公司内部事务安排；另一方面，收购人的收购意图和后续计划具有隐蔽性，加剧了证券市场上的信息不对称，相对而言，上市公司、公司管理层以及公司股东处于被动地位。因此证券法以及《上市公司收购管理办法》规定了收购人特别义务。

（一）信息披露义务

1. 《上市公司收购管理办法》第3条规定，上市公司的收购及相关股份权益变动活动中的信息披露义务人，应当充分披露其在上市公司中的权益及变动情况，依法严格履行报告、公告和其他法定义务。在相关信息披露前，负有保密义务。信息披露义务人报告、公告的信息必须真实、准确、完整，不得有虚假记载、误导性陈述或者重大遗漏。

2. 证券法第67条将上市公司收购列为可能对上市公司股票交易价格产生较大影响的重大事件，投资者尚未得知时，上市公司应当立即将有关该重大事件的情况向国务院证券监督管理机构和证券交易所报送临时报告，并予公告。

3. 根据证券法有关规定，收购人应当承担上市公司收购过程中的信息披露义务。

4. 证券法第100条规定，收购行为完成后，收购人应当在15日内将收购情况报告国务院证券监督管理机构和证券交易所，并予公告。报告的目的是通知并备案，便于证监会的监管；公告的目的是信息披露。

（二）聘请财务顾问的义务

根据《上市公司收购管理办法》第9条，收购人进行上市公司的收购，应当聘请在中国注册的具有从事财务顾问业务资格的专业机构担任财务顾问。收购人未按照本办法规定聘请财务顾问的，不得收购上市公司。

（三）禁止损害义务

《上市公司收购管理办法》第6条规定："任何人不得利用上市公司的收购损害被收购公司及其股东的合法权益。"

（四）平等对待义务

证券法第92条规定："收购要约提出的各项收购条件，适用于被收购公司的所有股东。"要约收购人必须向全体股东公开发出要约，而不得采取其他收购方式。要约收购人必须向所有预售股东支付相同的对价。收购公司部分股份的要约收购人，应当按照预售股票和预定收购的股票比例来确定向每个股东收购的股票数量。

（五）对价支付义务

1. 支付方式

收购人可以采用现金、证券、现金与证券相结合等合法方式支付收购上市公司的价款。

但要约收购人为终止上市公司的上市地位而发出全面要约的，或者向中国证监会提出申请但未取得豁免而发出全面要约的，应当以现金支付收购价款；以依法可以转让的证券支付收购价款的，应当同时提供现金方式供被收购公司股东选择。

2. 支付程序

要约收购的收购人以现金支付收购价款的，应将不少于收购价款总额的20%作为履约保证金存入证券登记结算机构指定的银行；以在证券交易所上市交易的证券支付收购价款的，将用于支付的全部证券交由证券登记结算机构保管，但上市公司发行新股的除外。

协议收购的相关当事人应当向证券登记结算机构申请办理拟转让股份的临时保管手续，并可以将用于支付的现金存放于证券登记结算机构指定的银行。

三、目标公司的特别保护义务

按照"企业所有与经营相分离"的原则，企业由持有股份的各股东所有，企业的经营交给公司的董事经营管理。在发生上市公司收购事件时，目标公司及董事会必须对公司股东承担特别保护义务。

（一）目标公司的信息披露义务

根据证券法第67条规定，目标公司同样应履行信息披露义务。上市公司收购是可能对公司股票价格产生重大影响的事件，上市公司应当立即将有关该重大事件的情况向国务院证券监督管理机构和证券交易所报送临时报告并予公告，说明事件的起因、目前的状况和可能产生的法律后果。

（二）目标公司董事会发表意见的义务

被收购公司董事会应当对收购人的主体资格、资信情况及收购意图进行调查，对要约条件进行分析，对股东是否接受要约提出建议，并聘请独立财务顾问提出专业意见。

在收购人公告要约收购报告书后20日内，被收购公司董事会应当公告被收购公司董事会报告书与独立财务顾问的专业意见。

收购人对收购要约条件作出重大变更的，被收购公司董事会应当在3个工作日内公告董事会及独立财务顾问就要约条件的变更情况所出具的补充意见。

（三）董事会反收购措施不得损害公司及股东利益

《上市公司收购管理办法》第8条第2款规定："被收购公司董事会针对收购所做出的决策及采取的措施，应当有利于维护公司及其股东的利益，不得滥用职权对收购设置不适当的障碍，不得利用公司资源向收购人提供任何形式的财务资助，不得损害公司及其股东的合法权益。"

（四）董事会的勤勉尽责义务

被收购公司的董事、监事、高级管理人员对公司负有忠实义务和勤勉义务，应当公平对待收购本公司的所有收购人。

未经股东大会批准，被收购公司董事会不得通过处置公司资产、对外投资、调整公司主要业务、担保、贷款等方式，对公司的资产、负债、权益或者经营成果造成重大影响。

在要约收购期间，被收购公司董事不得辞职。

【法条指引】

中华人民共和国证券法（节录）

第九十条 收购要约约定的收购期限不得少于三十日，并不得超过六十日。

第九十一条 在收购要约确定的承诺期限内，收购人不得撤销其收购要约。收购人需要变更收购要约的，必须及时公告，载明具体变更事项。

第九十七条 收购期限届满，被收购公司股权分布不符合上市条件的，该上市公司的股票应当由证券交易所依法终止上市交易；其余仍持有被收购公司股票的股东，有权向收购人以收购要约的同等条件出售其股票，收购人应当收购。

收购行为完成后，被收购公司不再具备股份有限公司条件的，应当依法变更企业形式。

第九十八条 在上市公司收购中，收购人持有的被收购的上市公司的股票，在收购行为完成后的十二个月内不得转让。

第二百一十三条 收购人未按照本法规定履行上市公司收购的公告、发出收购要约等义务的，责令改正，给予警告，并处以十万元以上三十万元以下的罚款；在改正前，收购人对其收购或者通过协议、其他安排与他人共同收购的股份不得行使表决权。对直接负责的主管人员和其他直接责任人员给予警告，并处以三万元以上三十万元以下的罚款。

第四节 继续买卖

【规则要点】

继续买卖规则的出发点是投资者持有上市公司发行在外股份的5%—30%之间，高于30%的则受继续收购规则的约束。明确5%的持股比例不限于单个人，而是将联合行动的一组人合计计算。继续买卖包含继续买入和继续卖出，具有双向交易的特点，有别于单向增加持有公司股份的继续收购。

继续买卖应当遵循权益公开规则、慢走规则两个基本规则。

【理解与适用】

一、权益公开规则

（一）权益公开的适用

投资者直接或间接、单独或共同持有上市公司发行在外的股票5%的法定比例时，或者在该比例发生增减变化，必须依照法定程序公开其持股权益，这是公开原则的体现。

1. 持股信息公开义务

投资者所持该公司的股份达到5%时，应当在该事实发生之日起3日内，向国务院证券监督管理机构、证券交易所作出书面报告；通知该上市公司；在证监会指定报刊上刊登公告。

2. 持股变动公开义务

投资者在所持股票达到公司股本总额的5%以后，每增加或者减少5%时，应当依照持股信息公开义务，承担报告、通知和公告义务。

（二）权益公开的内容和形式

根据证券法第87条的规定，权益公开应当采取书面报告和公告的形式，并包括下列内容：（1）持股人的名称、住所；（2）持有的股票的名称、数额；（3）持股达到法定比例或者持股增减变化达到法定比例的日期。

二、慢走规则

慢走规则，是指投资者在其所持股票达到公司股本总额5%以后，于法定期限内不得再行买卖该种股票。

1. 投资者所持该公司的股份达到5%时，应当在该事实发生之日起3日内履行报告、通知和公告义务，在该期限内不得再行买卖该种股票。

2. 投资者在所持股票达到公司股本总额的5%以后，每增加或者减少5%时除了应当在该事实发生之日起3日内作出报告、通知和公告，在此后2日内不得买卖该种股票。

慢走规则的设置是为了控制大股东投资者大量买卖公司股票的节奏，这一规定与证券法整部法律的多项制度相衔接。根据证券法第67条列举的第（八）项，持有公司5%以上股份的股东或者实际控制人，其持有股份或者控制公司的情况发生较大变化就属于需要作出临时报告的重大情形。根据证券法第74条，持有公司5%以上股份的股东属于内幕信息的知情人。主要股东增减持股比例将对该股票价格产生较大影响，适当控制、放缓其买卖节奏有助于防止主要股东滥用优势，操纵市场，实现对其他投资者的保护。

【相关案例】

权益披露案

甲持有乙上市公司8%的股权。2017年7月1日，甲与投资者丙达成股权转让协议，丙拟协议受让甲持有的乙上市公司8%的股权。在本案中：(1) 由于协议转让的股权一下超过了5%，投资者丙应当在协议达成之日起3日内履行权益报告义务；(2) 如果投资者丙继续增持乙上市公司的股份，当其持股比例达到10%（8% +2%）时，也应当履行权益披露义务；(3) 投资者丙要注意权益披露的时点，其拥有权益的股份占该上市公司已发行股份的比例每增加或者减少5%都要进行权益披露。

【法条指引】

中华人民共和国证券法（节录）

第八十六条 通过证券交易所的证券交易，投资者持有或者通过协议、其他安排与他人共同持有一个上市公司已发行的股份达到百分之五时，应当在该事实发生之日起三日内，向国务院证券监督管理机构、证券交易所作出书面报告，通知该上市公司，并予公告；在上述期限内，不得再行买卖该上市公司的股票。

投资者持有或者通过协议、其他安排与他人共同持有一个上市公司已发行的股份达到百分之五后，其所持该上市公司已发行的股份比例每增加或者减少百分之五，应当依照前款规定进行报告和公告。在报告期限内和作出报告、公告后二日内，不得再行买卖该上市公司的股票。

第八十七条 依照前条规定所作的书面报告和公告，应当包括下列内容：

（一）持股人的名称、住所；

（二）持有的股票的名称、数额；

（三）持股达到法定比例或者持股增减变化达到法定比例的日期。

第九章

证券投资基金

证券投资基金，是指通过发售基金份额募集资金，由基金托管人托管，由基金管理人管理和运作资金，为基金份额持有人的利益，以资产组合方式进行证券投资的一种利益共享、风险共担的集合投资方式。

在中华人民共和国境内，公开或者非公开募集资金设立证券投资基金，由基金管理人管理，基金托管人托管，为基金份额持有人的利益，进行证券投资活动，适用《中华人民共和国证券投资基金法》。

证券投资基金的本质是信托。基金份额持有人、基金管理人和基金托管人三方当事人之间存在着信托关系。在设立证券投资基金时，基金管理人先拟定基金合同草案，经监管部门批准之后，基金管理人公开发行基金份额，由基金份额持有人认购基金份额并交纳相关款项，表明对基金合同的承诺和认可。基金份额持有人相当于信托法中的委托人，同时也是受益人，通过委托行为设立信托投资基金，将财产转移给受托人按照委托协议管理或处分，从而根据信托享受信托财产利益的人。基金管理人和基金托管人相当于受托人，拥有委托人缴费的信托财产法律上的所有权，负有为受益人利益管理处分信托财产的义务。

证券投资基金之所以能在激烈的市场竞争中脱颖而出，占据重要的市场地位，是因为其具有“集合投资、专家理财、组合投资、分散风险、利益共享、风险共担”的特征。

第一节　证券投资基金的基本类型

【规则要点】

根据不同标准，证券投资基金可分为不同类型。根据基金的运作方式不同，可以分为开放式基金与封闭式基金；根据募集方式的不同，可以分为公募基金和私募基金。

【理解与适用】

一、开放式基金与封闭式基金

证券投资基金法第45条规定，基金的运作方式可以采用封闭式、开放式或者其他方式。

（一）封闭式基金

封闭式基金，是指基金份额总额和存续期限在基金合同期限内固定不变，基金份额持有人不得申请赎回的基金。投资者只能通过证券经纪商在依法设立的证券交易场所交易。基金收益以股利、利息和可实现的资本利得等形式支付给投资者。

（二）开放式基金

开放式基金，是指基金份额总额不固定，基金份额可以在基金合同约定的时间和场所申购或者赎回的基金。开放式基金追加发行基金份额，投资者申购或赎回基金份额以基金份额资产净值为基础计算。当基金管理人将所得股利和资本利得按比例用于投资而不是分配，投资者不必另外购买也可以增加其基金中的资产份额。基金投资的证券价格上升可以增加投资者所持份额的价值。

通过基金份额持有人大会或者基金公司股东大会形成决议，封闭式基金可以转换为开放式基金。采用其他运作方式的基金由国务院证券监督管理机构另行规定。

二、公募基金与私募基金

根据募集方式的不同，证券投资基金可以分为公募基金和私募基金。

（一）公募基金

公募基金包括向不特定对象募集资金、向特定对象募集资金累计超过200人，以及法律、行政法规规定的其他情形。

公开募集基金，应当经国务院证券监督管理机构注册，履行法定的信息披露义务。未经注册，不得公开或者变相公开募集基金。公募基金面向不特定的投资者，投资起点较低，适合中小投资者。公募基金的基金份额持有人按其所持基金份额享受收益和承担风险。

（二）私募基金

私募基金，是指通过非公开方式发行，只面向符合证监会规定标准的合格投资者募集，且累计不得超过200人。其销售与赎回由基金管理人通过与投资者协商进行，不得利用任何传播媒介作广告，私募基金的收益分配和风险承担由基金合同约定。

第二节 证券投资基金的主要原则

【规则要点】

证券投资基金主要有基金资产独立原则、所有权与利益分离原则、有限责任原则等。

【理解与适用】

一、基金资产独立原则

基金财产是具有信托目的的信托财产，而信托财产的独立性是信托的基本原则之一。

基金份额持有人将基金资产依照基金契约转移给基金管理人和基金托管人，基金管理人和托管人依照基金契约对基金资产有相对独立的管理权和运用权，但同时他们也要尽力维护基金资产的独立，使之专门为了基金份额持有人的利益而使用。

证券投资基金法第 5 条、第 6 条、第 7 条对此作了更为具体的规定：

1. 基金财产是独立于基金管理人、基金托管人的固有财产。基金管理人、基金托管人不得将基金财产归入其固有财产。

2. 基金管理人、基金托管人因基金财产的管理、运用或者其他情形而取得的财产和收益，归入基金财产。

3. 基金管理人、基金托管人因依法解散、被依法撤销或者被依法宣告破产等原因进行清算的，基金财产不属于其清算财产。

4. 基金财产的债权，不得与基金管理人、基金托管人固有财产的债务相抵消；不同基金财产的债权债务，不得相互抵销。

5. 非因基金财产本身承担的债务，不得对基金财产强制执行。

二、所有权与利益分离原则

所有权和利益相分离同样是信托法基本观念之一。信托一旦有效设立，委托人转移给受托人的财产就成为信托财产，受托人享有信托财产的所有权，可以管理处分信托财产，但是不能为了自己的利益而使用或者处分信托财产。信托财产的管理（受托人）和信托利益的享有者（受益人）相互分立。

三、有限责任原则

证券基金投资法第 5 条规定，基金财产的债务由基金财产本身承担，基金份额持有人以其出资为限对基金财产的债务承担责任，但基金合同依照证券基金投资法另有约定的，从其约定。

1. 基金份额持有人对基金承担有限责任

只要基金份额持有人及时、足额交付了自己认购的投资基金份额或股份，凡是由于投资基金的转投资和经营活动所发生的债务均以出资为限。

2. 基金管理人与基金托管人的有限责任

基金管理人和基金托管人因信托关系而对受益人所负的债务仅以信托财产为限度负有限清偿责任。只要基金管理人和基金托管人没有违反基金契约和法律的规定，且已经尽守职责，基金管理人和基金托管人就不应以自由财产负责任。